published by TPAF

'flowable' issue
#02

ART CROSSING

Black & White Version

第2号
January 2018

特集
豊住芳三郎

2.Art Crossing 2nd

The Art of the Love by the Love and for the Love — Sabu Toyozumi

特集：豊住芳三郎

Art Crossing 2nd 〜Feature on Sabu Toyozumi〜
Copyright©2018
Chap Chap Recprds
1863 Shinden, Hofu-city,Yamaguchi-prefecture,747-0825,Japan
http://www.chapchap-music.com
TPAF
1-42-8-107 Minamiogikubo, Suginami-ku,Tokyo,167-0052,Japan

Edited by Takeo Suetomi, Koji Kawai
Photo courtesy of Sabu Toyozumi,Yumi Mochizuki
Logo design Ichi Ikeda, Misono Ueda
Design Koji Kawai

アートクロッシング第2号〜特集豊住芳三郎〜
編集発行：ちゃぷ ちゃぷ レコード、
　　　　　末冨健夫、河合孝治
写真提供：豊住芳三郎、望月由美etc
発売：TPAF

4.Art Crossing 2nd

アート・クロッシング 第2号

目次

特集：豊住芳三郎

プロローグ

009	"Sabu Photo Gallery#1～#12"	
022	豊住芳三郎の豊饒なる放浪	白石かずこ
025	豊住さんへ	牧野はるみ
026	豊住芳三郎 私の叔父貴	HICO NATSUAKI
027	70年代の日本ジャズを支えるもの	間 章
029	豊住芳三郎さんと演奏	原 寮
031	サブ・豊住芳三郎さんのこと	佐藤允彦
033	旅の人	高橋悠治
035	AACM 突撃日記	豊住芳三郎
044	Power of Life	Julien Palomo
051	"Sabu Photo Gallery#13～#15"	
054	サブ回想記＆語録	豊住芳三郎
068	"Subu アーカイブ#1～#18"	
086	豊住さんとの事	近藤秀秋
090	ニコラス・レットマン・バーティノヴィック＆川口賢哉 デュオ 日本ツアー2016 スペシャル・ゲスト：豊住芳三郎	稲岡邦弥
094	毒と薬、ユーモアと反骨精神	豊住芳三郎
096	レビュー for Sabu	副島輝人
103	カフェ・アモレス時代と豊住芳三郎	末冨健夫
127	豊住芳三郎 参加ディスクガイド	末冨健夫 豊住芳三郎 Jean-Michel van Shouwburg 河合孝治 織田理史 小森俊明

Art Crossing Colum

178	池田一/屋久島 2017 アースアートプロジェクト『円水の塔』レポート	織田理史
186	ジャズ教本のアンソロジー/対機テキストへ向けて	河合孝治
198	作曲から即興へ/自身の経験を振り返って	小森俊明

エピローグ

東京世田谷

6.Art Crossing 2nd

Specal Feature on Sabu Toyozumi

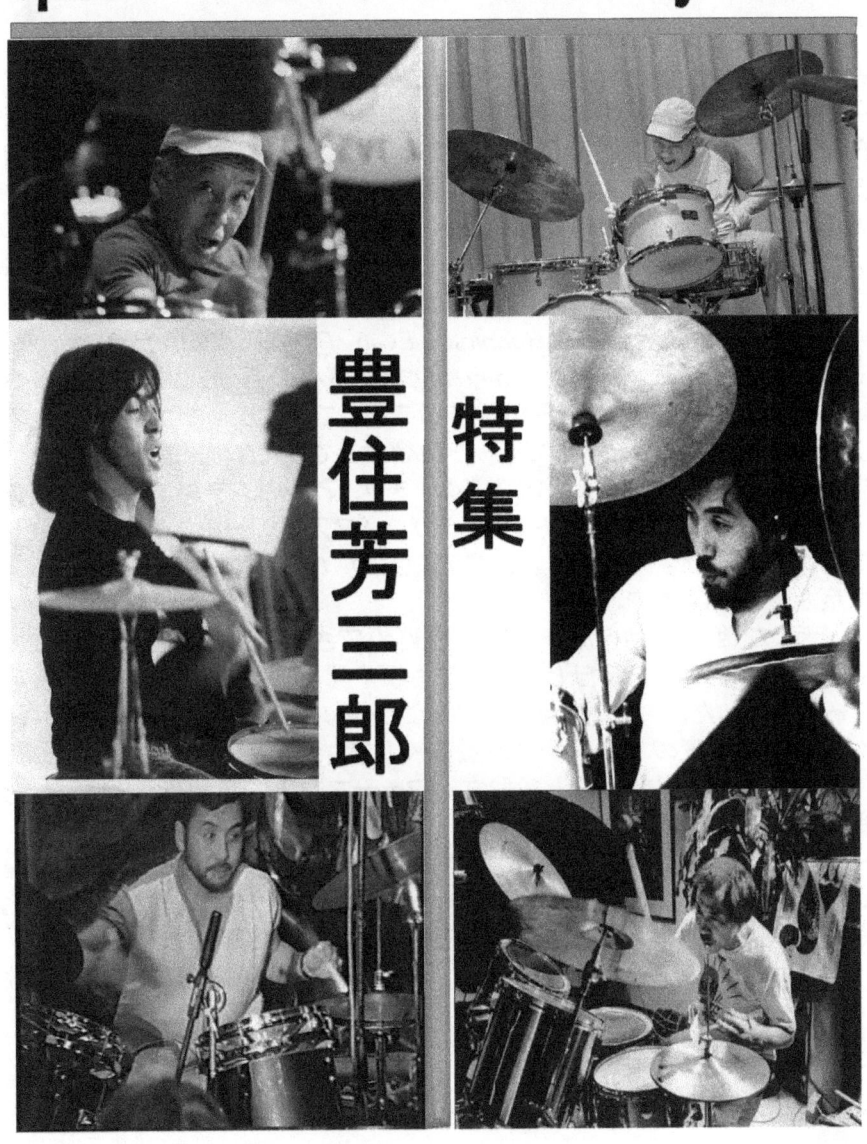

プロローグ

　Art Crossing 第2号は、豊住芳三郎の特集をお届けいたします。
豊住芳三郎は1960年代から今日まで、世界屈指のフリージャズ/フリー・インプロヴィゼイションのドラマー（二胡奏者でもある）として世界中を日夜飛び回って演奏を続けています。
　1960年代の日本のフリージャズ黎明期には、そのパイオニアとして高柳昌行、吉沢元治、佐藤允彦、山下洋輔、高木元輝らと行動を共にし、70年代では阿部薫とのユニット「オーヴァーハング・パーティー」、自己のユニット等での活躍。80年代以降は、Wadada Leo Smith、John Zorn、Misha Mengelberg、Han Bennink、Evan Parker、BarrePhillips、Pual Rutherford、Derek Bailey、Sunny Murray 等々の召喚・ツアーを数多く行い、それまでレコード等でしか接することのできなかった世界のインプロヴァイザーを我々に紹介してくれた功績はとても大きいと言えます。
また最近でも中国、ギリシャ、トルコ、チリ、アルゼンチン、ブラジル、フィリピン、ニュージーランド、トルコ、チリ、パプアニューギニア等々を廻り、現地のインプロヴァイザー達と交流を深め、Living Legend として大きな尊敬も受けています。
　そうした世界各地を旅して来た視野の広さと感性の鋭敏さとが、彼の演奏に大きく影響を及ぼし、世界にも類を見ない独自の演奏スタイルを生み出しました。さらに彼自身のポテンシャルなエネルギーに会場やドラムの質、共演者のスタイルや力量等々に合わせてクロッシングする柔軟性が共起し、強烈な個性と多彩なパフォーマンスに聴衆は強い印象を受受けることでしょう。
　そのような豊住芳三郎を多角的に光を当てようとするのが本書です。親しい者（ある意味戦友達）からの手紙やエッセイも含めて、現在まで、そしてこれからの豊住芳三郎を読み解いていただけたら幸いです。
（末冨健夫、河合孝治）

尚、「AACM 突撃日記」は、「Free Music 1960~1980:開かれた音楽のアンソロジー」からの転載・加筆になります。

SABU Photo Gallery #1

〈六本木『WAVE』〉

SABU Photo Gallery #2

海童道祖&SABU（浜松『CITY8』）
©山室武寧

10.Art Crossing 2nd

SABU Photo Gallery #3

左からジョージ・ルイス、SABU、アーロン・ドット、マラカイ・フェイバース、
ロスコー・ミッチェル、ジョセフ・ジャーマン、ダグラス・ユアート
（Chicago『Mccormic Place』）

間章、有田平八郎、SABU、スティーブ・レイシー、吉沢元治、高木元輝
（博多『COMBO』）

SABU Photo Gallery #4

デレク・ベイリー＆SABU（大和『足穂』）
©望月由美

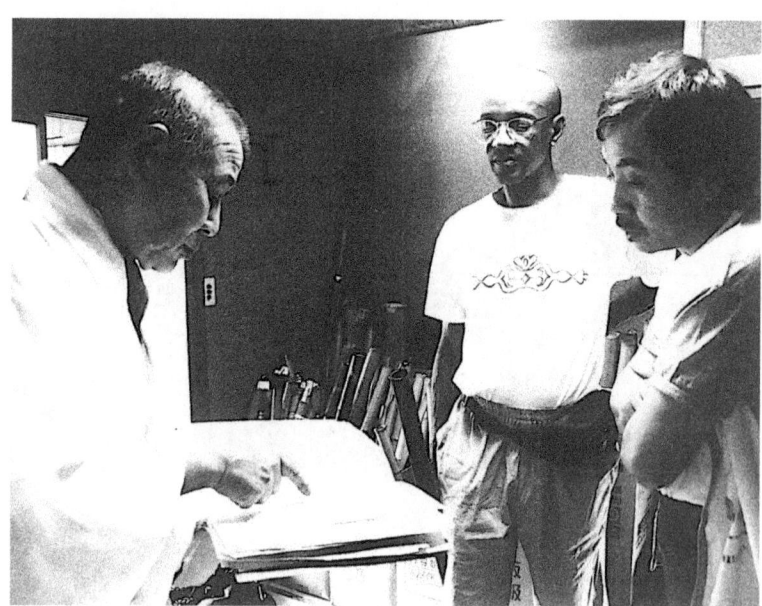

海童道祖,ジョセフ・ジャーマン＆SABU　駒場東大前『老師邸』
©望月由美

12.Art Crossing 2nd

SABU Photo Gallery #5

SABU, ペーター・ブロッツマン＆佐藤允彦（新宿『ピットイン』）

Antonio Panda & SABU
（ブラジル・サンパウロ『カルチャーセンター』）

SABU Photo Gallery #6

SABU & 高橋悠治 （山口『C・S・赤れんが』）

小杉武久　　SABU　　　　加藤洋一
滝沢邦彦　　上村二男

横浜『今野アートサロン』 ©伊藤薫

14.Art Crossing 2nd

SABU Photo Gallery #7

世田谷『上用賀アートホール』
◎望月由美

Tarabust Ensemble Octeto+Sabu
チリ・バルパラベソ『カルチャー・センター』

特集：豊住芳三郎

SABU Photo Gallery #8

SABU&ミシャ・メンゲルベルク（防府『カフェ・アモレス』）

ペーター・ブロッツマン＆SABU 横浜（『FAROUT』）

16.Art Crossing 2nd

SABU Photo Gallery #9

ワダダ・レオ・スミス& Sabu（山口市『C・S・赤れんが』）

ジョセフ・ジャーマン& sabu（稲毛『Candy』）

SABU Photo Gallery #10

18.Art Crossing 2nd

SABU Photo Gallery #11

サニー・マレイ&Sabu（相模原『水眠亭』）©山崎史朗

海老原誠治　利根川おちょこ　吉久昌樹　照内央晴　SABU　渋谷均　山本和智　伊達公袁
粒来国充　方波見智子　平井順子　©Tom Yossi（渋谷『公園通クラシックス』）

特集：豊住芳三郎

SABU Photo Gallery #12

Chiao-Hua Chang, Sabu, Chistina Raf（オーストリア・フェスティヴァル）

Carlos Vega (Bass) Luis Conde(Reeds) Gerardo Cavanna(Percussion) &Sabu
（アルゼンチン・ブエノスアイレス『禅道場』）

20.Art Crossing 2nd

Sabu 裸婦画#1

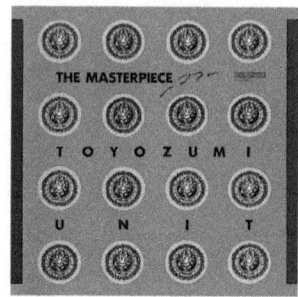

The Masterpiece 豊住芳三郎ユニット

豊住芳三郎の豊饒なる放浪

白石かずこ

豊住芳三郎は、たえず豊饒な放浪をつづける人である。
日本は音楽の世界にかぎらず、真にインタナショナルな感性を身につけた人は少ない。
ジャズの前衛区に住むものすら、その例にもれない。
その中で、この地球の隅々に、くまなく行きわたるような、どこを住み家にしてもいいような自由人、豊住芳三郎の人と音に出逢うとホッとする。
その上、妙に暖かく、明るいのである。暖かさは、彼の人間のどうしようもない善意と無欲から来ている。
彼は、他の人間たちのように、島の小さな重箱の中でアクセクしていない。どこか途方もない広い世界の方をみて、うわの空あたりに焦点をあてて生きているようである。日本より中国大陸や、アフリカなどの果てしもない大地の方が似合うようだ。
それに陰性ではない。陽にその音楽も人もむけられている。むかっている。
この豊住芳三郎に初めて出逢ったのは随分前だが、数年前、桜の木の下で彼がドラムスをたたいた時、わたしは涙がでるほど熱いロマンを感じて、ふるえたのである。
彼のうちなる血が、満開の桜の木の下で熱く波うってる音を聴いた。
その日かその前か知らないが、彼は新しい肉親の生命の誕生をみたのだ。それはあとで知ったことだが、桜の花にまみれていた日の豊住芳三郎の豊饒な熱いロマンのサウンズを忘れられない。
アフリカやサウス・アメリカ、印度、ネパール、ヨーロッパを旅しながら、音の他流試合をやる彼は、豊住ムサシなのである。が、このムサシは、ハピームサシであり、けんかをするのではなく、彼らとサウンズのラブ・インをするのである。

豊住芳三郎
TOYOZUMI, Yoshisaburo
drums & percussion

梅津和時
UMEZU, Kazutoki
alto saxophone & bass clarinet

片山広明
KATAYAMA, Hiroaki
tenor & baritone sax

彼は実に鷹揚で、さらさら暴君ではなく、一種の共和国の仲間たちと夢みるのだ。それが今度のレコードでもわかる。彼は彼のまわりのミュジシャンたちの質のよい才能とエゴを存分に、自分の側に招いて、豊住王制ではなく共和国をつくっているのだ。

今度の豊住ユニットにおさめられている曲についてふれることは、彼の世界への水先案内になるであろう。

生活向上委員会オーケストラという奇妙な名をもつキンキラキンの人気グループを皆さんご存知であろう。これを短縮してよぶと生向委（性行為？）ということになるのだが。

ここにいる梅津和時（アルト、バスクラ）、片山広明（テノール）、佐藤春樹（トロンボーン）らは、この生向委から豊住芳三郎とセイコーイに及ぶ次第となったのである。というのも生活向上委員会オーケストラ以前から仲間うちであったからだが。Aの1はあのマッドな悲劇的才能の主、愛すべき故阿部薫に捧げるもので、生前、彼がアタックしたがっていたパキスタンの山が曲名になっている。

Aの2のFの笛はちなみに EFUNOFUE さかさによんでもらうことにしよう。

A面の最後の曲は、ピアノの黒鍵だけで創った曲。昨年の旅で共演した印度のサロー奏者ウスタブ・アムザデリカーンに捧げたもの。

B面の特徴は蟹座である豊住芳三郎の水への志向が、どの曲にも題名となり、彼自身のサウンズの水脈と思考感覚を暗示している。

Bの1（片山×豊住）は、パキスタンのモヘンジョダロ遺跡にある五千年前の井戸の前に立札があり、こう書いてあったという。それは果たして五千年の水であったかどうか。が、この水は彼の内なるサウンズの井戸にすでにおさめられ、こんこんと次なるサウンズへの予兆を示しているのだ。

Bの2（梅津×豊住のデュエット）は、彼が昨年、旅をして水に出逢った最初の場所、エジプトはアレキサンドリアから旅の終着点に近いネパール、ポカラ附近の湖の名をこの曲名にしている。

Bの3(佐藤×豊住)、このデュエットでも昨年の旅で出逢った河の名前が並ぶ。エジプトはナイル河、パキスタンはインダス河、印度はガンジス河と。

Bの4、ここで発せられる人声は、この四人のメンバーの唱える一、二、三、四で、スワヒリ語、日本語、中国語、独語、四か国である。

さて、これらの冗談ともホンキともつかない音師たちの吹き、うみつづけるロマンの波の上下を縫い、やわらかに、時に激しく連打する豊住芳三郎は、これらの豊饒をかかえてどこへ、旅するのだろうと思う。

彼のサウンズから感じる豊潤な技術の蓄積、さりげない上等な、多彩な変化技も、わたしたちが安心して、くつろいで聴いていけるのは、彼自身に力みというのがないからだと思う。

直情携行型の一直線の日本人型ミュジシャンとちがい、彼には大陸型のスケールとそれらを受け入れ、自分の世界の住人にすら、柔軟性がある。それは柔軟にみえるしたたかさ、巧まない彼の自信のなせる業だと思う。楽器の性能もあるかも知れぬがそれ以上に彼の生来の気質と天分によるものであると思う。彼は求心的なミュジシャンではなく、内より外へとしだいに拡がる。その運動を通して自分を他と融合、あるいは対比させながら、コスモスをつくっていくタイプだ。

これには旅というのが一番の創造神に出逢う道だと彼は知っていて、水の流れのように自然に自分も自分のサウンズもそれにゆだねている。

彼は多民族、異民族の呪文、読経、祭礼、それらすべてのリズムやサウンズを自分の細胞や皮膚にしていて、付け焼刃でとらわれたものたちと性質を異にしている。

彼のリズム、彼のサウンズは日本人でありながら、なんと幾多の民族の血を分かち持つことか。だが熱い。冬の国ではない、東洋、中近東、アフリカ、それから肌を太陽神の許であつくやいたものたちの精霊(スピリット)と水影の匂いをもっていて、そこに彼の資質が躍如として輝いているのを、このアルバムで知り、感じるのは実に嬉しい楽しいことである。

＊桜の木の下で‥‥は、アメリカ大使館で、白石かずことFMT(Free Music Trio〜藤川義明、翠川敬基、豊住芳三郎)の演奏が行われた時のこと。

＊The Masterpice (ALM uranoia/1979)ライナーノーツより転載

豊住さんへ

牧野はるみ

　今となっては、豊住さんと初めて会った日のことさえ思い出せません。キッドアイラックでのライブだったかもしれないし、荻窪のグッドマンでだったかもしれません。レオさんと結婚した時には、婚姻届の証人欄にサインまでしていただき、本当にお世話になりました。
　いつも笑顔で人あたりのいい豊住さんですが、一度演奏が始まると、これが人生最後なんだというような表情になり、その真剣さに、こちらも背筋を伸ばして聞き入ったものです。
　共演する音楽家には、音楽以外の部分でもさぞや苦労させられて来たと思います。しかし、その付き合いの良さのせいか、そういうミュージシャン達の我儘な演奏の流れさえもくみ取って、フィナーレに向かわせる技は、誰にでも出来るものではありません。たぶん御本人は、あれこれ考えずに自然にそういった演奏をされているのでしょう。一体どういう流れになるのか判らないフリーの世界で、「誰かと一緒に演奏する事で生まれるのが自分の音楽だから、楽しくて今まで続けて来た」と豊住さんは言うかもしれません。思わず拝みたくなる仏様のような人はミュージシャンの中には殆どいませんが、豊住さんはそういう稀有な人なのです。
　どうか本当の仏様になってしまう日が遠いように・・・これからも長く長く音楽人生を続けてください。

尊敬をこめて

夏秋文彦　HICO NATSUAKI

豊住芳三郎

私の叔父貴
とてつもなく大きな私の叔父貴
彼なくして今の私は無い
間違いなく無い

幼心に「何なんだこの人は？」と思った
周りにいる他の大人達とは明らかに違うその存在
彼といるのが楽しかった、ふざけてるだけの変な大人
ミュージシャンだとわかったのはずいぶん後の事かもしれない
彼の部屋に入ったとたんそこは別世界であった

Sabu, 花&Hico

ぶちまけられたガラクタや楽器達
異国のにおい、男のにおい
見た事もない雑多なモノたち
パラダイスだった

憧れた
こんな生き方があるんだと思った
追った
追いつくはずもないが

アナタノオカゲデオンガクカニナッタヨ

1枚のレコードについて '70年代の日本ジャズを支えるもの

間 章
（あいだ あきら）

日本ジャズの自立性を獲得

1枚のレコード、それはつまり11月に発売された高柳昌行とニュー・ディレクションの「インデペンデンス」だ。僕が'69の日本のジャズの動向や展開について語る場合、このレコードにふれることなしにはすまされない。このレコードはいままで日本で出された日本のジャズの最高の傑作であるばかりでなく、日本のジャズの自立性獲得の道程のうえでもさらなる重みをもつものだ。

ここ2年くらいの間に日本のジャズは表面のはなやかな場所ではなく、ジャズという器のいわば底の部分で地味ながらも自己発見しながら変わりつつあった。そしてそれらの場所で行われていることと、それらを行っている人たちが大きな意味で存在を認められるということは今までなかった。

日なたぼっこのジャズを吹き飛ばして

それが佐藤允彦の帰国による佐藤＝富樫の結びつきから新しいジャズのファンがふえ、レコード会社がレコーディングするようになってから、いわば大資本も（レコード会社など）幾分のり気になってきたという一種の気まぐれから、暗部でジャズを支えていた人たちが認められてきたのだ。その場所でこの「インデペンデンス」がレコーディングされたのだが、このレコードはまぎれもなく日なたぼっこのジャズ（日野皓正 etc・・・？）をジャズ自体の力で吹き飛ばすことになったと僕は思っている。日本のジャズはまだない！と叫びたい思いで日本のジャズと苦いつき合いをしてきたが、日本のジャズは今こそ生まれようとしている！と言いたいのだ。「インデペンデンス」はまさにその口火を切ったものと言える。そこにこの1枚のレコードの重さがあるのだ。

特集：豊住芳三郎

'70年代を開く3派

　ここで'69年の日本のジャズの総括をしてみようと思うが、日本のジャズの未来はまだ暗い。それは日本のジャズの日の当たる部分がコマーシャリズムに食い殺されそうだという予感がかなり現実化してきたことだ。さらに若手ミュージシャンの欠乏とジャズへのイージーな向かい方をしているということ。なかには注目すべき活動を地道にやっている者もいるが、それにしても極端に数が少ない。

　'69年の3つの重要な事件をあげるとすれば、ひとつには「インデペンデンス」の高柳昌行ニュー・ディレクションの登場（高柳昌行、吉沢元治、豊住芳三郎）、ひとつには高木元輝という驚くべきテナー・サックス奏者の出現と彼のグループ吉沢元治トリオの活動と実績、そして山下洋輔の病気回復による新グループをひきつれての再登場である。もうひとつあげるとすれば豊住芳三郎というきわめてバイタルでフレッシュな天才型ドラマーの出現をあげることができる。この3つのグループのうち、2つがレコードを出し、残る吉沢元治トリオも近くレコーディングされるということだが、これからの日本のジャズの中心的活動を展開するであろうこれらのグループがともかくもレコードを出せるようになったということは'69年の最大の成果に加えてもよいはずだ。

最後に残るものは

　日本のジャズは今やヴァイオレンスに満ちた展開を行う地点にある。その場所で日野皓正を代表とするジャズの脱落者がその脱落ざまを明らかにしてゆくのが見えるようだ。

　僕はジャズ・トータル（全体）の発展などはけっして望みはしない。真にジャズを自ら選び、そこで闘っている実力のある者だけがこれからのジャズを支えることになる。彼らだけが日本のジャズを生んでゆくだろうし彼らだけがついにはジャズメンとして生きのこるだろうというのは僕にとって単なる確信を超えて明らかだ。

（『Let's』1969年12月号、70年新年号より転載）

豊住芳三郎さんと演奏

原 寮

　私が初めて豊住さんと会ったのは1969年の春だった。私は上京したばかりの二十二歳のときである。新宿の＜ピット・イン＞で富樫雅彦さんのライヴを聴いているときに会って、彼のグループで演奏してみないかと誘われたのだった。後日、歌舞伎町の別のライヴ・ハウスで豊住さんと高木元輝さんと吉沢元治さんのトリオに加わって、初めて東京のプロの舞台でピアノを弾くことができたのだった。＜ニュー・ジャズ・ホール＞の高木・豊住のデュオに加わって演奏したこともある。その後、豊住さんは外国での演奏活動が急増したので、私は高木さんのグループの一員として長く演奏を続けた。

　一方で、1974年の初夏、私はフリー・ジャズを目指す若い演奏者たちを集めて、＜ニュー・ジャズ・シンジケート＞という自由参加の演奏組織を立ち上げ、法政大学の協力を得て、月一回程度の長時間コンサートを開催するようになった。

　同年の秋、日本での演奏を再開した豊住さんに呼ばれて、郡山、青森、函館などの北日本を巡演する演奏ツアーに参加した。メンバーは私たちのほかにシンジケートにも参加していた宇梶晶二さんであり、のちに「メッセージ・トゥ・シカゴ」のタイトルでレコード化された郡山でのライヴでは一曲だけ藤川義明さんも出演している。演奏ツアーというものは楽しいことばかりではなく、特に疲労の蓄積する後半などはトラブルも起こりがちなのだが、リーダーの豊住さんの繊細かつ強靭な音楽に対する情熱と、持ち前の優しくて和やかな人格のおかげで、疲れてはいたが最後まで楽しくて緊張感のある演奏をつづけられたと思う。

　さらに同年のことだが、私は前記の＜ニュー・ジャズ・シンジケート＞で、若いフリー・ジャズ演奏者たちの現状を三枚組のレコードで世に伝えようという企画を思い立ち、すでに予約販売の注文も受け付けながら、八月末を期限にして録音をすすめていた。しかし、八月末の時点で録音済みの音楽を冷静な耳で試聴してみると、メンバーたちの"現状"は十分に記

録されている判断できたが、それだけを聞いてもらうためためなら、なにも三枚組レコードではなくて、シンジケートのコンサートに来てもらえばすむことなのである。私は私の判断で八月末の録音終了を取り消し、頒布/発売の予定を二ヶ月延期した。そしてメンバーに「通達したのは、①残り二ヶ月間でそれぞれの音楽的な実力を飛躍的に向上させること、②メンバーのうちで作曲の意志のあるものに新曲を準備させることだった。そして企画者である自分に課した③番目のテーマは、このレコードをシンジケートのメンバーだけによる内向的なものに終わらせたくないために、シンジケートと外の世界つなぐ然るべきゲスト演奏者を招聘することだった。

　大げさな前口上になったが、実のところ、人選はたったの数秒で終わった。豊住さんをおいて、この任を果たせるジャズ演奏家はひとりもいなかったからである。おかげさまで、無名の新人が大集合した三枚組の自主レコードを、しっかりと日本のジャズ・シーンに一項を刻む記念碑的なレコードとして二ヵ月後に登場させることができたのである。豊住さんの素晴らしいパーカッション/ドラムの演奏は、レコード1 A-Iの「FiatSonus」、2 A-Ⅱ「Earth,Water,Fire,Wind and Air」、そして3B-Ⅱの「Valse for Valhara」の3曲で聴くことができる。

　数年後に、これは私のリーダーとして、懐かしい郡山のライブ・ハウスを再訪して、豊住さんと私と飯島信一郎さんのトリオで演奏をしたのだが、それが豊住さんと演奏を共にした最後になったと記憶している。この日の録音は録音機器の故障のために不首尾に終わったが、それも宣なるかなである。

　その後、私は探偵小説を書く身の上となって、ジャズの世界からは遠ざかることになったが、豊住さんとの楽しかった思い出はいつまでも心に深く残っている。

サブ・豊住芳三郎さんのこと

佐藤允彦

　サブさんとは昔から滅多に会わない。なぜなら彼はほとんど日本に居ないから。
いつも世界のどこかで飄々と演奏しているという印象だ。私がたまにフェスティバルなどでヨーロッパやアジアの国へ行き、そういう場所には大抵しつらえてあるケータリングルーム、つまり出演者が軽食を摂ったり談笑するための大部屋に顔を出すと、もの慣れた様子で皿に料理を取り、ビールを飲んでいるサブさんを発見する。「おや、今日はどこからだい？」「ゆうべ〇〇から夜行で来た」と聞いたこともない街の名をいう。
最初に手合わせをしたのがいつだったか全く思い出せないのだが、たぶん1960年代末だろう。それ以来かなり長い年月を挟んで何回か演奏している。そのうち一番印象に残っているのは1997年、末冨さんがセットしてくれた防府でのデュオだ。
サブさん、途中でいきなりドラムセットから立ち上がり、スティックで床や壁を叩き始める。そのサウンドから何だか爽快な空気を引き出されて、発砲系のワインかなにかを飲んだ気分になったのを鮮やかに覚えている。

先日突然電話があって、来年（2018年）正月のコンサートというのを頼まれたので驚いた。コンサートに驚いたのではない。「今どこから電話してるんだい？」「日本だよ」。まさかサブさんが日本に？
「でも来月はインドネシア」….そうだろう。それでなくてはサブさんらしくない。
しかし、どれだけ間隔が開いても、ひとたび演奏が始まれば何の違和感も感じない。不思議な音楽を持った人なのである。

佐藤允彦＋豊住芳三郎

C・S 赤れんが 1997

旅のひと

高橋悠治

はじめて会ったのは1976年だと思う。LP『TWILIGHT』を日本コロムビアで作ったとき富樫雅彦といっしょにパーカッションをやってもらった。1977年中山千夏ソングブック『ぼくは 12 歳』でもパーカッションはサブさんだった。

その後誘われてジョン・ゾーンやネッド・ローセンバーグ、トム・コラ、ペーター・ブロッツマンとあそんだ。毎年のように年始めにセッションをつづけたこともあった。おかげで即興ができるようになったと思う。

以前のサブさんは楽器だけでなく、なんでも叩く打検士のようだった。物それぞれの響きが返ってくる。次に何をためそうか、待ちきれない気持が伝わってくる。

サブさんは何十年も世界をまわっている。2016年の秋、深谷のホール・エッグ・ファームのブロッツマンとのセッションで ひさしぶりに会った。打楽器の数が減ったような気がしたが、音の空間はかえってひろがっていた。二胡も伝統的なプレイとはまったくちがって、なにかふしぎなうごきだった。

高橋悠治＋豊住芳三郎

C・S 赤れんが 1998

ＡＡＣＭ突撃日記

豊住芳三郎

AACM(Association for the Advancement of Creative Musicians)のデルマーク吹き込みの一連のレコードを聴き、大感激！デルマークに手紙を書くも梨のつぶて。とにかくシカゴを訪ねることにした。

　71年4月29日に同士：高木元輝氏の見送りを受け横浜を出港。約二週間でロサンゼルス。グレイハウントバスでサンフランシスコ一泊。(ドン・エリスのビッグバンドを聴く。ヴァイオリンが入っていたのが印象的だった。)そして一路40時間以上かけてシカゴに向かった。途中のバス休憩所での第一歩は、毎回膝がカックンと折れたもんだ。ダウンタウンのYMCAに投宿。「デルマーク」(八畳ほどの事務所兼ショップ)を訪問。竹田賢一氏ソックリの社長が直ぐにAACM・BIGBANDのフライヤーを渡してくれた。

　サウスサイド(黒人街)にあるCLUB「パンプキンルーム」に、念の為金目の物、といっても腕時計ぐらいを外し明るい内に店に到着。夕刻過ぎAACMスタッフの黒人画家が来て、大分経ってムハールが来てオルガンを弾き出した。画家氏に紹介して貰ったが、オルガンを弾く手を休めず、まだ日本から来たのが半信半疑の様。小一時間が過ぎメンバーが三々五々やって来た。ロスコー・ミッチェル、ジョセフ・ジャーマン、カラパルーシャ、ダグラス・ユワート、ウォレス・マクミラン、名前は忘れたがトロンボーン二名、スティーヴ・マッコール、この時エレクトリック・ベースはピート・コージー。(彼には、マイルス・デイヴィスのパリ公演の時招待された。「如何にしてデイヴィスの所に入ったの？」と、聞いたら、「部屋にいたら電話が掛って来た。」との返事だった。彼の家でタバコを喫おうとしたら、赤ん坊が生まれたばかりなので、NO・スモーキング！でも、ハッパならと勧められる。地下室いっぱいの弦楽器が印象的だった。)皆に「楽器はあるのか？一緒にやろう。」と誘われそれは嬉しかった。特にジョセフは武道、仏教、日本文化に興味を持ち出した頃で、色々と質問された。その日はスティーヴ達が宿まで送ってくれた。

　次は、チャーリー・パーカーも出演していたCLUBの近くのストリップ・シアター(その日は踊りは休み)でのコンボ演奏。ムハール(org)、マラカ

イ・フェイヴァース、ダグラス、カラパルーシャ、スティーヴ。客は数人で、終わって楽器運搬を手伝う。危険だからと、下宿が決まる迄、毎回送ってもらう。

　ムハールの自宅でビッグバンドのリハーサル。終わってからムハールが「叩いてみろ。」と言った。皆の前でソロを披露。何故か三拍子だった。次は小学校体育館でのセプテットのコンサートに招待された。生徒は二回に分けて、床に座って聴く。日本からAACMを聴きに来たと紹介され、生徒全員がスタンディングオベーションで迎えてくれた。

　なんと、曲は全て普段クラブでやるのと同じ。どこかの国だったら、今流行の曲だの、授業で歌われる曲をやるのではなかろうか。この差は大きい！この後、白人の先生宅でセッションがあり、ムハールと、白人のベースと、シカゴでの初演奏をした。

　ムハールとスティーヴが楽器買いに同行してくれた。サウスサイドの楽器屋は胸にGUNをむき出しで接客する。パーンショップ（質屋）だとドラムの横にGUNが並んでる。鏡の前でGUNを抜いてチェックしている者あり。結局ダウンタウンで、シンバル無しのグレッチの三点＋スネアを500ドルで購入。実は、この日の途中で、通称ムハール＝AACMの会長、リチャード・エイブラムスが同一人物だと判明した。因みに、当時1＄＝360円。ちょっとしたファーストフード的な外食でも10＄程。日本で100円もしなかったタバコが50〜60セントしたのはビックリした。

　八月初めパークサイド・アートセンターで「A・Concert・Of・New・Music」と銘を打った初めてのコンサートに参加した。メンバーはムハール（マリンバ、クラリネット）、ロスコー・ミッチェル、ジョセフ・ジャーマン、ダグラス・ユアート、マラカイ・フェイヴァース、スティーヴ・マッコール、私、それにコンガのアーメン・ラ（彼はプロのボクサーで、AACM一番の金持ち。真っ赤なスポーツカーに乗って来る）。リハーサルはスティーヴの家で。譜面はナシ！作曲して来た者がユックリ二小節づつ程、自分の楽器で他のメロディープレーヤーに伝えていく。メロディープレーヤーはそれを受けてなぞる。その間、パーカッション群は横で聞き覚える。だから大分時間が経ってから全員で徐々に始める。日本なら譜面を先に渡してから、セーノで始められる。しかし、彼等の方法だと時間は掛るが、ステージで譜面が無いとか慌てふためく事なく、もしかして一生覚えていられるだろう。この経験も大きい事だった。

36.Art Crossing 2nd

いよいよ本番。メンバー全員ステージ中央に集まり円陣を組み、両手を前に組み、こうべを垂れ一分間の黙想をする。こういう事も説明がないので咄嗟にフォローする。しかし、彼等はこんなパフォーマンスがなんとも自然にステージの一部として進行してゆく。後にアート・アンサンブル・オブ・シカゴのテーマ曲となったロスコー作曲の「オドゥワラ」も演奏された。この日が初演です。沢山の（白人も）聴衆が入った。入場料はドネーション（寄付）制で、コインで数ドルの人、100＄紙幣を入れた小母さんもいた。このコミュニティー・センターをAACMは定期的に使用していて、色々な組み合わせでダンサー、時にはシアターグループも入る。とある劇と音楽のパフォーマンスの日、仮面を付けてステージ狭しとアクティングしている男が、終わってみるとマラカイ・フェイヴァースだった。

練習出来る部屋も（住宅事情が良いので、一軒家はもちろんの事、黒人達が多く住んでいるレンガ作りのアパートでもBANDの練習が出来る。）、サウスサイドに見付け、多くのメンバー達の所へ徒歩で行ける様になった。

ムハールが漢字を習いに来て、日本の事を色々質問され、日本に行きたいと言われる。日本のオーガナイズする友人に手紙したが、当時の私の力では実現出来ず、大変残念な思いをした。ブラザー・スティーヴが夫婦喧嘩をして、十日程共同生活をしたナー。近くのミシガン湖では、毎日曜日、コンガ中心のセッションがあった。ダグラスと、彼の手製の笛と私が日本から持参していた尺八とを交換。彼はそれを機に、後フルブライトの研究生として尺八の研究の為、何度も来日している。カラパルーシャに誘われ、彼の友人が団員である交響曲を聴きに行き、黒人が演奏しているのは当時の私としては新鮮だった。ジョセフにしばしば土曜夜のシカゴ仏教寺院に於ける座禅会に呼ばれた。私は、座禅会はお断りしたが、終わってから斉藤禅師が会のメンバー五、六人を中華料理に招待してくれるので同行させてもらった。皆の行中、寺院のロビーで待っている時、私はドラムの勉強に来たのに、こんな所で何をしているのか？と、自問自答したが、此れも修行の内と言い聞かせた。しかし、ここの寺院でパフォーマンス出来る事になった。一部は、シカゴ在住の元和光大学少林寺拳法監督のS君と私の少林拳演武。二部は、別の日に演武のリハーサルを見学した黒人女性ダンサーが、そのインスピレーションを元にしてダンス＋私とジョセフのDUO。フルートと尺八でスタートした。客席には、ア

ンソニー・ブラクストン、ドン・モイエ（一部の打楽器を借りる）、スティーヴ、セロニアス・モンク御愛用の洋服仕立屋さん（彼からは年代別の黒人の歩き方を教示された。）、ダンサーの友人でブラックパンサー党の女性幹部、寺院のメンバー、斉藤禅師の家族等。ホールの入り口に半鐘が取り付けてあり、一音使わせて貰ったが、桶を胴にして厚手のビニールを皮に代用した和太鼓（？）は破けそうで使用せず。この日を機にジョセフは合気道を始め、のち黒帯五段師範まで極め、"禅と合気道"の道場をブルックリンに開設した。2001年、ジョセフとN.Y.C.のヴィジョンフェスに出演したが、その直前、斉藤禅師が入滅され、京都東本願寺より得度しているジョセフの悲しみ様もひとしおだった。前述の女性幹部より誘われ、ブラックパンサー党二千人もの集会にアフロヘヤーのウィッグを付けて参加した。アジトをPOLICEに急襲され死者も出た後のフィルムが印象的だった。

　音楽の話ではないが、バリトンのウォレス・マクミランはカンフー道場の補佐をしていて、サウスサイドの全員黒人、黒い道衣の道場、といっても体育館の様な所へ行く。時効だろうから明かしてしまうが、前述S君と三人でハッパを効メて行く。な、な、なんとS君が掛ける技に彼等は変に我慢しないから、教本通り跳ぶは跳ぶは。又普段は柔和なワラサがハッパの効き目か、少々顎を出して眼鏡がやや下がり生真面目に教えている。それらが面白くって、最初はグッと堪えていたが「ブハーッ！」とふきだしてからは、ハッパの作用もあったか道場滞在中、腹が裂ける程笑い転げた。

　「Laugh Is Important!」
　シカゴに来て得た事。
　昔の日本人ジャズメン（特にドラマー）に有り勝ちな黒人コンプレックスが無くなった事。極端に言うと、下手でもいいから、サブ豊住が誰々風ではなく楽器で何を言えば良いか、言いたいか、また聴く方もそれを一番欲している。という事を解らせて貰った事だ。
　ブラクストンの家では、ロサンゼルス交響楽団から委託された、金字で彼の名が刻印され、アルバムの様に厚い、超複雑なスコアを見せて貰い、彼の多才な面を垣間見る。例の幾何学的記号に見える特有のタイトルの意味を問うと、「特に意味は無い。」との事。翌年'72年、パリで再会し、直ぐ彼のクリエイティヴ・オーケストラに誘われ、南仏のフェスティヴァル

に出演した。(後LP3枚組でRINGより発売された。タイトルは「RBN----3　K12」RING 01024/5/6)。ここで少々パリ＆アフリカに話が飛ぶが、この年の夏、ヴァカンスシーズンでパリでは仕事は無いヨと、サニー・マレイやアラン・シルヴァ・オーケストラのメンバーでもあるレイ・ステファン・オーチェ from ナイジェリア(tp)、に誘われ、アルジェリアのオラン(カミュの「ペスト」の舞台となった街)のナイトクラブでダンスミュージックを一夏やった。サハラ地方のダム工事関係の日本人達もよく客で来ていた。キーボードの英国白人、以下サックスが米国、ベースが仏領マルティニーク、ヴォーカルがナイジェリアの全員黒人、途中からマリのパーカッションが入った"外人部隊"。オランは「サムライ」を辞めた後、放浪して色々あった懐かしい街。

　それはいいとして、九月にパリに帰って、ロビン・ケニヤッタとアムステルダムでのDUOコンサートの仕事があり、リハーサル。風船から空気が抜けて行く様な状態で叩けない！！　彼がソロで行った。直後にブラクストンからカルテットの誘い。何と辞退してしまった。替わりに「ブラック・アーティスト・グループ・フローム・セントルイス」のドラマー、ボボが叩いていた。悔しかったナー。十月初めのラファエル・ギャレット(b,b-cl)、G・スペアマン(ts)とのグランパレフェス(タージ・マハル旅行団も出演)には調子を取り戻した。

　簡単に二つに分けられるとは思わないが、エンターテイナータイプではないアーティストタイプの後輩に助言出来る。安易にコマーシャルの誘惑に溺れると深さのあるソレには容易には戻れない。
シカゴ・サウスサイドのジャムセッション。
　ダウンタウンでのコンサート終了後、N.Y.C.からのビッグネーム等、真夜中、時に明け方近く迄繰り広げられる。客は99％黒人。ドラムセットの横に、次の曲で叩きたい古いスタイルのオッチャンとかドラマー数人が並んで待機している。初めは少々戸惑う。
　同行の黒人女性が「This is the Jazz！」と。しかし、日本の祭りで大太鼓を叩くのに、少年の頃よく並んだ。近所の神社から我が家は数軒しか離れてなくて、家族に「叩いて来るから聞いといて。」と言って出掛けたもんだ。ドイツの友人ハンス・ライヒェル(g)が、ある日本の祭りの風景を観て、大太鼓一発しか叩かず、次の者に渡すのは「リズムでは無い。」と苦

笑していたが、此の一発（一音）って言うのも、とってもいい"リズム"だと思うが、これは西洋人にはなかなか解らないだろうナー。

　日本で言えば上野文化会館の様な公共のマコーミックプレイス。大ホール1、小ホール3の小ホールでコンサート。メンバーは人生初ライヴのジョージ・ルイス(tb)。当時未だ痩身の高校生が深々と礼をしてリハに現れた。ロスコー、ジョセフ、マラカイ、ダグラス、チューバのアーロン・ドッド、それに私とスティーヴのドラム。やはり「A・Concert・Of・New・Music。Featuring・8・Musicians」と銘打って大きいポスター、沢山のフライヤーが刷られた。最初客席後方の両サイドより二手に分かれて、最後列のロスコー、ジョセフのバス・サックス以外はベルを持ってステージまで行進する指示。左手先頭の私はスタスタと途中まで行って誰も付いて来ていないのを悟り、テンポを落とした。それは聖地を、霊場を巡礼するかのごとく、壁る様な速度、深遠な音で始まった。ジョセフが現代曲風の曲を書いて来て、これが初めて見るスコアだった。ある私のパートは、10kg程の教会のベルをインテンポで振らなければならない。あまりに馬鹿デカイ音がするので、そっと内側にガムテープを貼る。案の定、本番でインテンポから外れるも、皆素知らぬ顔。このズレが心地良かったナー。

　スティーヴ、ドン・モイエとパーカッション・アンサンブルを結成。少年達を集めてワークショップと言うか、皆で打楽器と遊んでいた。この頃まだ少年だったハミッド・ドレイク(ds)（デヴィッド・マレイのグループ等で何回も来日していて、世界中で活躍中）は、私のドラミングから影響を受けたフレーズが今でもあると言う。メール友達だ。私がシカゴを離れる日も近くなり、ドンもAECが忙しくなり、三人でのライヴは実現しなかった。その後、'78年のドイツメールスでは AACM.ロスコーのオーケストラで多くのメンバーと再会、ダグラスは我々演奏中、ステージ真後ろで真剣に聞いてくれた。ドン・モイエは楽屋に SOLO ALBUM ~を持ってきてくれた。ロスコーはサニーマレイ、マラカイとの CLUB 演奏時、(RING から LIVE 盤)実は 69 年から知り合っていたが、サニーを紹介してくれた。Fes が終わった次の週、ロスコー、スティーブのパリ公演で久しぶりにスティーブのふとした瞬間"ゾクゾク"とさせる音を堪能した。（いくら技術があっても。これが感じられないとつまらない。）レスター・ボウイ、G・ルイス、ダグラス、ジョセフ、ワダダ・レオ・スミスと日本ツアー。ジョセフ、レオとはCDを制作。カナダ、ヴィクトリアヴィルのフェスにレオと出演した

時、G・ルイスはブラクストンのグループにいて再会。2001年、レオが教鞭を取るカリフォルニア・インスティテュート・オブ・アーツでソロと彼とのDUOで招待された。交流は今でも続いている。そう、レオの結婚の折、役所でサインもした。レオはAACMが自分達のレーベルを持てなかったのを大変残念がっていた。世界で同時期に発足した、デレク・ベイリーらの「INCUS」、ミシャ・メンゲルベルクらの「ICP」と、ミュージシャン自身によるレーベルを持てた者達との差は大変大きい。

　しかし、AACMの仲間には、やっとベースが支えられる程の少年がいたり、ムハールの勿論無料の音楽理論の教室（スティーヴと一回見に行った。）には少年から四、五十代の年配の人達がいたり、彼等の音楽が祭りの、民謡の、生活と密着し、土着し、しかしクリエイティヴな民族音楽と言っていい程で、そこからたくさんのメンバーが世界へ羽ばたいて行くのは、とても素晴らしい事だと思う。

　高木氏との日本出発前の DUO テープ（於：新宿安田生命ホール。後イタリアから LP でリリース。）が送られて来て、早速スティーヴとムハールの家で聴くことにした。正直ムハールのリアクションが不安だった。しかし、大変興味深く注意して聴いてくれた。うれしかったナー。途中居眠りを始めたスティーヴを揺り動かして促してくれた。高木氏とは毎回必ずロスコーの「People in Sorrow」を Play した。彼とロスコーの DUO を聞きたかった。残念！

　いよいよ CHICAGO を離れる日が来て、庭で愛犬シェパードと戯れていたロスコーに挨拶に行ったら、"I Shall Return!は日本語でなんと言うか"と聞かれ、MATAKIMASU と返答。なんとその"MATA KIMASU"が AEC その直後の LIVE ALBUM(Live at Mandel Hall jan 15,1972/Trio/Delmark)に命名されていた。SPLENDID!!

左からジョージ・ルイス、マラカイ・フェイバース、豊住芳三郎
ダグラス・ユアート、ロスコー・ミッチェル、ジョセフ・ジャーマン
©SABU TOYOZUMI

AACM コンサート・フライヤー　©Sabu Tyozumi

42.Art Crossing 2nd

AACM関連　豊住芳三郎参加アルバム紹介

・Anthony Braxton Creative Music Orchestra:RBN--3 K 12（RING01024,5,6/1972年）
・Emergency:Homage To Peace（America 30/1973年）
　2曲目で、People In Sorrowを演奏。
Glenn Spearman(ss,ts), Takashi Kako(p), Boulou Ferret(g) Bob Reid(b), SabuToyozumi(ds)
・豊住芳三郎：Sabu-Message To Chicago　（Trio/1974年）
　1,Roscoe's Tune(Odwalla)　2,Malachi's Tune　3,People In Sorrow
　豊住芳三郎(perc)、宇梶晶二(bs)、原寮(p)、藤川義明(as)
・Wadada Leo Smith&Sabu Toyozumi:Cosmos Has Spirit　（SCISSORS/1992年）
・The KANAGAWA QUARTET〜Joseph Jarman,Shuichi Oyama,Kemmy Nishioka,
　　　　　　　　Sabu Toyozumi：方丈の庵（May2nd/2000年）

特集：豊住芳三郎　43

Power of Life

Julien Palomo

　豊住"サブ"芳三郎 は 1943 年 7 月 11 日に横浜で生まれた。

　彼は主に Masahiko Togashi と共に(フリー)ジャズドラムの偉大なる巨匠として国外で知られ、また沖至、山下洋輔、高柳昌行、佐藤允彦といった 1970 年代に国際的な認識された人々と共にフリー・インプロビゼーションを開拓したことで知られている。

　このような歴史的な諸事実は、重要ではあるが、そのスピリチュアルで神秘的な人物像については多くを語られていない。彼の業績は日本だけの音楽史にとどまらないのであるが、彼のジャズへの貢献はその特殊な孤独さゆえに不幸にも曇らされている。豊住芳三郎の生き様とは、AACM からノイズまでかくも幅広い様々な発想や文脈を取り込むために、伝統的なアジア楽器の深みやデチューンされたエレキギターの激しさへと、彼を 50 ヵ国にも渡って導いてきたある人間的で個人的な探求である。技術より魂に聴き従う者として、新しい出会いと新しい関係とを請い求め続けるのである。

　彼は 1965 年にプロに転向し、すぐさま当時メジャーなポップグループだった"ザ・サムライ"に加入した。1966 年から 1968 年までは彼らと活動を共にし、そしてちょうどロックがその視線を東に向けたときの大規模なサイケデリックな騒ぎの後、ヨーロッパを訪れる機会を得た。帰国後、Sabu の関心はインプロビゼーションの新しい開拓へと向けられる。清々しいほどの決意をもって、彼は「音楽が即興的性格をもつほどに、面白くなることに気づいた」、とアルバム「Coloring Heaven」のライナーノーツでぶっきらぼうな調子で述べている。

　1969 年、彼は高柳"Jojo"昌行の擁する偉大な New Direction の一員として、同じく開拓者の位置にあった高木元輝と吉沢元治と共に、非常に重要なアルバム「Independence」の制作に演奏者として参加し、急速に発展していた東京のシーンにフリージャズの美学を取り入れた。マイルストーンである「We Now Create」とは著しく異なり、このアルバムはより引き締まったサウンドを導入している。それは主に生き生きとし、鋭く厳しい Sabu のドラムに負っている。その本質的な特徴は、轟き、波のように絶え間ないバスドラムのサウンドであるが、これはサニー・マレイの実験的手法から引き出したものだ。このサウンドは「Independence」のレコーディングの年の内に、アメリカ合衆国におけるフリー・ドラミングの目を見張

る発展からさらに発展した形で持ちだされたものだ。ラシッド・アリとその門下者たちは、彼ら自身の偉大さにも関わらずこのドラマーを一人のコンサート・パフォーマーとして、生来のソリストとして押し出したのである。豊住芳三郎は、本質的には卓越したパーカッション奏者であるのだが、時間の計り方についての強固な観念を常に独特な仕方で保っている。振動が小節に取って代わるのだ。この振動は、宮間利之のニューハードによる伝説的なアルバム「Canto Of Aries」、ツトム・ヤマシタによる「Metempsychosis」、及びテナーサックスかつバスクラリネット奏者である高木元輝との一連のデュオ「2 to10 Saxophone Adventure」および、「If Ocean Is Broken」(2000年代にリリース)において、さらに深く聴きとられるべきだ。

チャールズ・ミンガスは1971年における訪日の間、"宮間利之とニューハード"を彼のステージバンドとして選んだ。豊住芳三郎はその後のアルバムに登場する。もちろん日本におけるフリー・インプロビゼーションの拡大現象は彼にとって十分でなかった。余りに矮小で余りに孤立したものに思われたのだ。そして新しい出会いといったものは、ミンガスの場合のように、卓越してはいるが比較的保守的な人物たちによって引き受けられた、全くもって余りに稀な訪日に限られていた。日本は未だ、東方を訪れる余裕のない過激なアメリカやヨーロッパの前衛主義者からは切り離されていた。豊住芳三郎はその後まもなく、ポケットに20ドルをもって初めてのシカゴ行きの船に乗り、ムハール・リチャード・エイブラムスとAACMを訪ねた。

短期間だったにもかかわらず、彼のアメリカ滞在は双方に長きにわたる影響をもたらし、また持続的な諸々の親交を築いた。最も有名なのは、ジョセフ・ジャーマンとの親交である。彼の轟き渡るようなドラムは、およそアート・アンサンブル・オブ・シカゴやそれに類するパーカッションの手段として使われている複雑でデリケートな小さなもの組み合わせでは、どういう訳かその音は、より大きなスペースを得るほどに、より鮮明になった。このことは後に録音された記録、ジョセフ・ジャーマンを主賓に据えたKanagawa Quartetの「Houjo No Ihori」で明らかである。その連携は明らかで、このシカゴの巨匠の点描的アプローチと完全に一体となっている。数年後、豊住は、リーダーを務めた彼の最初のアルバム(「Message to Chicago」)をAACMに捧げている。その合間に、彼はしばしばアート・アンサンブルの「People In Sorrow」を、彼のパリのグループEmergencyと共に公演していた。

1969の夏、パリにおけるBYGによって開催された諸々のセッションの直後の時期において、AACMはフランスとの強い親近性を確立していた。そして豊住芳三郎は、アンソニー・ブラクストンのCreative Orchestraと共に演奏旅行をしていた。

彼は1971年、1972年、そして1973年の間に、コロンバス、シャテルロー、メールスと様々なフェスティバルに姿を見せた。アラン・ショーター, ボビー・ヒュー、サニー・マレイ, アラン・シルヴァ, そして幾人かのフランス地元人と共に現れた彼は、パリの中でも斬新な人物として日本人で海外在住の加古隆と並んで即座にそのシーンに認められ、American Cultural Centerの大黒柱の一人となった。そのシーンが解体する前に、その時期と場所とを取りまとめる音楽的探求のひとつの統合的な役割を演じるようになった。それこそが〔グループ〕Emergencyである。「自由」こそが合言葉であり、このグループは1970年代の初期の西欧に特徴的な障害や限界に対する栄誉ある批評の一つの頂点である。Emergencyは、サックスのグレン・スペアーマン、ベースのボブ・リードの二人のアメリカ人、及びピアノの加古とドラムの豊住の二人の日本人、そしてMclaughlinで知り合った放浪のフランス人ブールー・フェレのギターから成る。国家の差異から解放された各々の思想の自由な音楽〔Free music〕であり、自由な循環である。世界は変わろうとしていた…。Emergencyは二つの傑作を残して去った。「Homage to Peace」と「The Best of Emergency」(300枚の自家製レコードで一種のしゃれ)とである。かくも広範で異なったバックグラウンドが溶け込んだかは疑わしい。事実、溶け込んでいないのであって、その音楽はいくつかの部分で崩壊している。しかしその強い個性の集団は強い耳を持ち、一体となって演奏することへの意志はそれ自体でジャンル定義的なものである。「Kako's Tune」に乗って音楽が繊細になるとき、時間は停止する。二人の日本人奏者によって加えられた力は、そこにあるのかも知れない。スペアーマンとリードの容赦ない力に対して、彼らは控えめではあるが断固とした音の層を創り上げるのであり、そのサウンドは作品が永遠に運行するかのように思わせるのである。持続とは日本の伝統音楽においてひとつの重要な役割を担っており、後に富樫雅彦がこの重要な伝統の可能性を徹底的に追求したのである。

結局、「変化」は次には起こらず、豊住はそこを移った。彼はブラジルやインドネシアを旅した。世界についての楽観的な見方において、彼は西洋の首都や日本の大都市のいつもの巡回の外で即興奏者たちを探し求めた。この探求は今日まで続いている(2011年の時点で、台湾、オーストリア、フィリピン、ベルギーその他諸国を通ってチリにまでに至る8か月のツアーへ乗り出している)。彼はあらゆる国でフリー・インプロビゼーションに注意を向ける少なくとも10人の指導者が必要だと主張する。そうして、彼はそうした人々を見つけ出さねばならない。そしてそれをやってのける。いつもそうだ。

1976年に東京に戻ると、彼はより名高いセッションに参加する。吉沢元治の「Inland Fish」、また富樫雅彦の「Spiritual Nature」、「Guild For Human Music」、「Twilight」、そして「Essence」である。これらのセッションは、フリージャズの最初

の旋風から、点在するパーカッション・フルート・そして西洋の音階を強調しながらも、あるまさに特異的な日本的本性をもつスピリチュアルなジャズまで、絶えず放浪する日本の革新者たちを証言する。その時までに、彼はまた自身のグループを立ち上げ、リーダーとして最初の 2 つのアルバムをリリースする。「Message to Chicago」と「Waterweed」である。このラインナップはなおも高木元輝と加古隆とを迎えている（後者と共に彼はデュエット「Passages」を録音しており、このデュエットは Sabu の選択による）。（Kaitai で）最近リリースされた「Blue Sea」と「New Sea」は、この急激に成長したグループに新しい光を当てている。それは前記の特徴に加え、ヨーロッパのインプロビゼーションと同種のよりダークな音と爆発力とを維持することで、さらなるダイナミクスをもつ。音楽は時折ほとんど抽象的な状態であり、そこに 70 年代半ばごろの日本の即興シーン（New Herd や、その他）を引き継いでいるようなオーケストラ的で書法的な傾向は全くない。

またこのトリオは、ベースレスによる空間のもう一つの古典である、山下洋輔トリオとは著しく異なっている。と言うのも、セシル・テーラーの衝撃的な演奏やジャズの伝統と現代音楽の間に起きる緊張関係や論争の対象となる、山下やセシルへの同調や敬意は存在しない。Sabu Toyozumi のエネルギーは物理的反応を単独で意図して声を荒げるのでも、聴衆に打激を与えるのでもない。そのエネルギーは、まさに魂からやって来るのだ。軽く打ち、快く響く、自然の囁きこそが彼にとって本質的なのである。彼の調和したコンセプトは楽器奏法についてのいかなる理詰めの解釈からもますます遠のいては逸れていく。祖国とその宗教儀式から始まった夥しい旅の間に間に、彼が出会った民間伝承の数々の徹底的な観察は、彼を数あるフリージャズサークルの面々のなかで最も直観力ある人物とした。

まさにそれゆえに、次のような批判が聞かれることがある、すなわち、彼の音楽における方向性に対して、彼はなんの注意も払っていないのだ、と。こうした批判を聞く筆者にとっては、このことはむしろある強さである。この否定を意識の解体を目指すこととしてよりも、むしろひとつの出発点と捉えることによって、アフリカ系アメリカ的伝統からの離脱以来のフリー・インプロビゼーションの世界において誰もが議論を重ねてきたこと、つまり絶対的な自己—表現への到達のためのあらゆる美学の破壊へと彼は到達しているのだ。理論家でないにも関わらず（彼は誰よりも「音楽は自分自身に対して語らねばならない」というモットーに忠実である）、フリージャズのもう一人の偉大な神秘主義者ワダダ・レオ・スミスとのデュエット、「Cosmos Has Spirit」を奏するために彼が書いたテキストの中で、彼はこのことを一度限りで要約している。

「アートの基準となる価値は、それがどのくらい「生命の力」を含んでいるかに基づいている。今日の音楽を聴くとき、私は人類がいかに退化しているかはっきりと感じられる。メロディーは音楽においては一つのちっぽけなものだ。しかしミュージシャンや聴衆は、「メロディー」なるものに関してとりわけ行き詰っており、ある過度の行き詰まりが、彼らを混迷へと誘い、生命力の喪失へと導き得るのである。その上作曲家の困惑は聴衆の困惑である。というのも無自覚な作曲者は、決して聴衆を啓発することはないからである。捏ねくり廻した音は、五線譜上においてとりわけ何の役にも立たない。それは指揮者の指示のもとスコアに従って音楽を奏することが最高にナンセンスであるのと同様である。私は、ミュージシャンたちがなぜその自発性、自由を犠牲にすることで病気になるか分からない。だから称賛されるのであろうか？伝統を保存し単に反復するプロセスは、この「今」の実際のサウンドを創造する力を忘れていることで、退屈なものだ。多くの人々は文明化とその標準的な価値を狂信的に信仰するように操作された社会システムによって洗脳されるが、このことは人工的な不自然なサウンドが、一方的なものによって支配され操作されることと同様に、去勢されることを意味する。我々は我々自身の生命の力を高めるためにこそ、身体、精神、そして楽器を使わねばならないのだ。ここに、私が「宇宙の精神」〔the SPIRIT OF COSMOS〕をもって、「私の生命の力を高める」ために平均律音階に従って人工的に調律されたいかなるパーカッションをも使わない理由がある」(1992 年、Scissors records の好意による)。

キャンプの達人である彼の最高の気晴らしは、ドラムスティックをもって小川、葉風、そして動物たちの音を注意深く聴き、それらの音から新しいリズムを習得するために日本の地方へと身を隠すことである。非科学的かつ非人間的な法則が、我々の環境によって生み出された音楽の無限性に匹敵しうる。あなたはあなた自身の内部へと深く掘り下げ、開かれ、そしてほんの一瞬、宇宙の複雑性と調和できることを望まねばならない——彼はそのように言う。精神—肉体の生成変化の一つのプロセスとして、Sabu の音楽は宗教色なき禁欲主義だ。

その卓越した輝かしさにも関わらず、豊住芳三郎を日本におけるフリージャズ運動の第一線に押し上げることになるのは、高木元輝および加古隆との結びつきではなく、阿部薫との短命に終わった協調である。必然的に孤独な人物である、この日本のアルバート・アイラー（〔この比喩は〕音楽的に過度な単純化だが、精神的には密接な関係がある）は、高柳とのいくらかの冒険的な試みを除いて、決して適切な仲間を見つけられなかったように思われる。そしてその束の間の存在のほとんどをソロで演奏した。比較を絶する研磨剤として、阿部薫は唯一アーサー・ドイルに適合性を見出した。アーサー・ドイルはヒュー・グローヴァーやジョー・リグビーと共にミルフォード・グレイヴスが選んだサックス奏者である（アーサ

48.Art Crossing 2nd

ー・ドイルとの間の交流は 20 年後に絶賛的なレビューで明るみになった。Obico での「Live in Japan」を見よ）。それゆえ、グレイヴスの悪名高い日本でのアルバム「Meditation Among Us」で、Sabu とその周りのいつものメンバーと共に阿部が注目のうちにあったことは驚くにはあたらない。このメンバーには、豊住により採り入れられたコンセプトをもつ主要な演奏者である、高木元輝やパーカッション奏者土取利行が含まれていた。吉沢元治及び豊住の「Inland Fish」での繋がりを明るみに出し、またその後すぐに後者に彼の究極的な録音の一つである「The Masterpiece」を制作することを許可したことでも知られる伝説的なプロデューサー間章によってメンバーが寄せ集められた、ミルフォード・グレイヴスの「Meditation Among Us」は、むしろかえってこの地獄の火からのレコードが、即興演奏を一つの新しいレベルにまでもたらしたときに、しばしば完全な傑作とみなされている。つまり、〔その新しいレベルの即興演奏は〕和声や音色を扱う代わりに、その強度が純粋にプリミティブであり、その激しさが人間本性についての真の激情であり、「Together And Moving 」および「Response」というタイトルに反映されているように本質的に集合的である。この従来の限界を突破し、彼らの文明との関係における/からの根源的な本能のもつ暗い禁忌の深淵のなかで深みのように映ったものは、日本のフリージャズの特性なのである。

これこそ阿部薫が取り組んだものであり、それは「Overhang Party」及び「Akashiyano Amega Yamutoki」で証されている。他の 2 つのアルバムの存在が明らかになるまで（しかし海賊版は広まっていたが）、数十年もの間「Overhang Party」はこのデュエットの唯一の録音だった。しかしこのアルバムは、「Velvet Underground」のファースト・アルバムに匹敵するほど影響力のあるものであることとなる。この「Velvet Underground」は、ファースト・アルバムのリリース前夜に日本に現れたフリー・インプロビゼーション集団の新しい世代であり、その名は US にまで届いた。そこでこの集団はより都会的なサウンドを生み出したのである。「Overhang Party」は、たちまちフリーとノイズの間の通路となった。その影響力は広く誤解されていた、と論じることもできよう。また、阿部と豊住は今日の欲求不満解消のための誰もが気に入るようなサウンドトラックを意図したのでは決してないのだ、と。だが、そのアルバムは、いわば「Meditation Among Us」をさえ超えた分析に抵抗し、さらに今日ですら批評家によって安易に片づけられてしまっているが、それはそのアルバムをインテリどものおもちゃになる前に「認めた」と思っているミュージシャンやファンにとっては大変喜ばしいことなのだ。Sabu T 豊住の「focus」は、自分たちがどこからやってきたかすらはっきり理解しない人々によって、絶えず模範となっている。

彼らはどこに向かっていたのか？誰も答えることはできない。1978 年の 9 月、Abe の生命は過剰服用によって悲劇的にも短命に終わってしまった。

豊住は諦めることはなかった。少し前に、重要ではあるが人目につかないニュー・ジャズ・シンジケートによる三つのアルバムに彼は参加したが、それは幻影的で捉えどころのない日本のフリージャズ史のもう一つ別の失われたエピソードである。井上敬三をゲストとした保守主義的で作曲的な幻想曲で、ブラスの幾重もの層を積み重ねている。豊住は、二つのサックス（そこで梅津和時はバスクラリネットを持ち替えて演奏する）、トロンボーン、そしてパーカッションからなる独特の編成のコンセプトをもつ、より焦点を合わせたバージョンを生み出すことに着想した。

これらの編成をもって、彼は「The Masterpiece」を、日本の ESP ディスクである ALM から公にしたのである。この輝かしいアルバムは、彼が 10 年前にフリー・インプロビゼーションを採用してから発展させた種々の方法や願望の集大成である。トラックリストをちょっと見れば全てが分かる。

Pray From K2 Godwin Austin Mt.(Dedicated to the late Kaoru Abe)
Efu No Fue (Dedicated to the late Eric Dolphy)
Raga Of Black Key (Dedicated to Ustal Amjad Ali Khan)
Let's Wash Your Hands (With The Water Of Five Thousand Years Ago)
From Alexandria Beach (To Lake Phewa Tal)
Nile River, Indus River & Ganges River
1,2,3,4 Sublimation

新しいトリオ F.M.T としてメールスのジャズフェスティバルに出演してからは、アフリカ、中央アジア、インド、ネパール、タイ、フィリピン、そしてビルマと広範囲にわたる旅の時期が続いた。（訳：織田理史）

Sabu Photo Gallery#13

SABU&高木元輝

SABU&ジョン・ラッセル

Sabu Photo Gallery#14

近藤等則&SABU

ワダダ・レオ・スミス、清水俊彦&SABU　©望月由美

52.Art Crossing 2nd

Sabu Photo Gallery#15

SABU&照内央晴

坂本喜久代 (阿部薫の母、坂本九の姉)&SABU
©岡本勝壽

特集:豊住芳三郎

サブ回想記

ミッキー・カーチスとサムライ

　入団前年（'66年）Band名もまだ"バンガード"に誘われたが、コマーシャルなので断った。すると直ぐ香港、バンコックへのHilton Hotelへの長期tourへ出た，おまけに往復はアメリカンプレジデントラインで演奏付きの船旅。外国で演奏するのが大きな夢だったので少々残念な思いをした。
　翌年、再度誘われOK！米人マネージャーとバンマスMickyと歌舞伎町のClubで会合。自己のBandで"五木の子守歌"をjAZZ風に、メンバーはまだ学生だった川崎燎(彼とはレバノン、ベイルートで同時期playしている)。ローマのRock Fesでこの曲をやるとは思いもしなかった。
　'67/9月・羽田からヨーロッパへの便は"ブルーコメッツ"と一緒だったので、彼らへの見送りが数千人はいたろう。一方我々は数十人だったか、しかしまだ高校生だった"つのだ☆ひろ",五郎さん(B)の関係で本田竹弘(P),改名前の"チコ本田"さん(渡辺貞夫 実妹)等がいた。
　LIVE見聞記として記憶に残ってるのは、LONDON ロニー・スコッツ・クラブで,TrioのドラマーがTony Oxleyとエラ・フィッツジェラルド。終わりに客席にいたドノヴァンが蚊の鳴くような声でのSOLO.
　アート・ファーマーは小ホールだが、ステージ上に古風な"お酒のテーブル"がしつらえてやってる。
　やはりLONDONのFes：アート・ブレイキー、サニー・マレイあとエルヴィンとかロイ・ヘインズだったかの"四大ドラマー"最後、全員でのブルースで演奏中ブレイキーにサニーが足を引っ張られ台の上から引きずり降ろされた時。サムライ退団後、偶然パリの"蚤の市"でサニーに合いこの時の話etcで盛り上がり親交が続き、日本への招聘へと繋がった。
　同じFesでは"トラ"でカーティス・フラー(tb)がカウントベイシーBandにいた。
　コペンハーゲンの"カフェ・モンマルトル":bassがペデルセンのフィリー・ジョー・ジョーンズBand,彼のDRUM SOLOの最中酔客が、やおらPIANOで結婚行進曲を弾き出し、SOLOを中断させたこと。彼とはブタペストの飛行場のバスで隣り合わせだった。
　『第一回ヨーロッパ国際POP Festival 1968』は、ピンクフロイド、ソフトマシーン等と同じホテル、同じ送迎バスで会場へ。(当時の強力ロック・グループはP79のイタリア・ローマでのプログラムを参照してください)。

Julie Dricoll が Rock で大スターの時、スイス、LONDON そしてサムライも出演したローマの Fes で聞いた。のち彼女がキース・ティペットと結婚しジュリー・ティペットになり、"IMPRO"に転向してからアントワープ Fes で Derek, Buch Morris, Luis Sculavis, Fred・van Hove 等 と一緒に共演した。昔あなたを聞いたと言ったら、人差し指を立てて唇にあてた。共演するとは思はなかった人だ。(私は New Hard で弘田三枝子の LP、中野彰とニューシャープでは火傷で入院したドラマーの"トラ"で彼女と民音 LIVE もしたが、例えたら彼女が"IMPRO"＝即興！に転向したようなもんだ)。

ビートルズが録音した事のある Studio でレコーディングしました。とても質素なのが印象的です。
　なんといっても別格は 1969/1/11:ストックホルムで体験した"Jimi Hendrix Experience"だ!!! コンサートホールは前月、川端康成氏のノーベル賞授賞式の行われたところ。会場の外に USA の映画に出てくるような 2台の大機材用トラックが、初めて見た。ドラマーは JAZZ 経験もあると直感した。ギターに火はつけなかった。BUT 歯で弾く、マイクスタンドでも。トークが隣の友達に語るような、RELUX2部で別のサイケな刺繍の衣装に変えてきた記憶。Oh Oh 終わってその日の夜行列車で南に向かった. そこでフィリー、やサニーに出会うのだ！。

「侍」は米国のレコード会社ユナイテッド・アーテイスト、ロンドン支部第 1号の契約をし68年9月はローマの club "ウイスキーアゴーゴー"をドタキャン (先方は裁判に, とのことだったが！) して社所有ロンドン郊外の小さい小さい城に我々だけで住み一か月リハ、レコーデイング日はロンドンへ行く、毎夜 club で演奏するよりゆっくりした日々を過ごし、ブレーキー vs サニー・マレーの Fes 拝聴、時に『ロニー・スコット』クラブに通ったりした。
呆れたのは社側が『侍』全員のダミーミューシャンを用意してきたことだ。マネージャー曰く、日本の GS でも有る事で、あの米国『モンキーズ』は『ビートルズ』に対抗してレコード会社がオーデションで結成、ダミーのミュージシャンが録音、それをメンバーがステージ用に聞いて練習したとか。JAZZ 界では考えられない事だ。もちろん自分のパートはやらせなかったが、バックコーラス、アレンジ面での新しいアドバイスでは助かったか。

ヘンリー・ミラーの奥さんと食事

　バンマス・ミッキー氏とホキ徳田氏とは昔同じ事務所だった。彼女がUSAで弾き語りをしてるとき、ヘンリー・ミラーに見初められ結婚。彼の思い出あるパリに68年夏帰ってきた折（飛行場は大変な数のお出迎だったと）彼女だけ我々のclubを訪れ食事会、そして共演。
このジューネーブ近郊の club『カジノ・デ・ディヴォンヌ』はフランス最大のカジノで,法律ではバンドのある club 併設が義務ずけられてる。沢山のBanker(金持ち)がいるスイスはカジノの賭け額が低く絶大のフランスにやって来る。
毎夜"億"という金が動くとか、女優で後議員になった李香欄(山口淑子)さんも旦那さんがジュネーブ勤務、犬のこと、映画のことでバンマスと話があってよくきて ました。バンマス車の仲間、レーサーの生沢徹も、同じくレーサーの福沢幸男（福沢諭吉の曾孫）、翌年69年2月に事故で亡くなるとは、、寺山修二が、"さらばサチオ、男が死ぬとき"作詞 で CD が、また三保敬太郎の曲もあると。
客のクエート王族一家に招待されレマン湖に面した別荘庭で食事、そこから直に水上スキーもはじめで最後のこと。彼らに TOYOTA の新しいスポーツカーの話したら次の日買って来た。
夏にはジルベル・ベコー，ミレイユ・マチューのショウがやってきて身近で拝聴できた。

John Coltrane がやってきた

バンマスのギター小西徹氏から『今日 Coltrane 一行が Pit inn に聴きに来るかも、早めに来て。』と連絡があり、"和製 Coltrane"こと武田和命、Piano の小川俊彦、Bass の小林で明るいうちから Play 開始。アリス・コルトレーン(P)ファラオ・サンダース(Ts)ラシッド・アリ(Ds)そしてお馴染みジミー・ギャリソン(B)全員がやってきた。Hotel は新宿だったのだろう。1ステージ終わってみな笑顔でさよなら。アリスが後日のビデオホールでの日米ジャムセッションに武田氏どうぞ、とのことでした。
暫くして、ラシッドが1人でもどって来て私に『Any スリクあるか？』ないがPlay してほしいと答えると、すぐ OK！曲は"Softry as morning sunrise"日本人 band がバップスタイルで4ビートを刻み、彼は私のドラムセットでフリースタイルのブラシワーク。(昔の和製ドラム"村山製"リムが内に向いていてブラシがよく挟まった。)

1曲で和製ブラシも使用不可に。しかし皆初めて生で聴く Free Jazz Drumming で あったのだ。小西氏は『You Good! You Good!』を連発していたが、相手が Coltrane のメンバーだからのようだったが。この数年前ラシッド・アリと言 うトランペッターがソニー・ロリンズと来日してるので『どうしてドラムに転 向したのか？』尋ねたらラッパはやったことないとのこと、同姓同名の別 人と判明した。外見そっくりだったのだが。アリスの情報も皆無だったの で尋ねたら、女はキッチンにいるがいいとの返事だった。そして山盛りの 食事を堪能してくれた。彼の弟 Muhammad Ali も Free Jazz Drummer で Paris ではフランク・ライトのメンバーで、2 大双頭バンドとしてジョイントを よくした。で厚生年金での彼らのコンサートに行った。このグループとし ての情報が当時の日本では皆無であったので、テナーサックスの手が空 いているときマラカス振ったり、いわゆる Free の Free Tempo の曲調に、 菊池のプーさんは"彼らはインド音楽の影響を受けてるな"とか富樫雅彦 氏はただただ無言だったのを思い出す。アルバート・アイラーの GHOST は聞いたことはあるが、メロディーは耳に残っても、あの流れがいずれ" メイン"になるとは思いもしなかった。興行主がメンバーを選ぶのか、日 米ジャムにジョージ川口氏 vs ファラオ・サンダースがシャカリキに遣り合 ってるのを思い出す。アリスもそれに入っていたか、その他は思い出せな い。Coltrane は自己のグループのみの演奏で下がってしまった。

　サインを貰いに楽屋をたずねたが、色紙どころか紙一枚も持ってなく、 ちょうど少林寺拳法道場の帰りだったので，道着に洗っても落ちないマジ ックペンでいただいた。Chicago, Paris での演武で使用したが、 Coltrane を見たことない若い黒人たちもいるのだ。普段彼らはどんな音 楽を聴いてるのか想像できなかったが、Joseph, Roscoe 、Douglas らが 共同生活をしてる家に行くとよく Coltrane がながれていて、そうか同じな のだ、とも思った。

2010 年この道着をフィリッピン、ミンダナオ島の女性オーガナイザー Angel Chi がブラジリアン柔術を始めて2か月とのことで，プレゼントした。 tour 終わって来週マニラ全国大会に出場とのこと。帰国したら吉報が入 った。銅メタルだ！。写真の金メダリストの体格は Angel の倍ほど。無差 別級？これぞ Coltrane Power かと思いきや、後日判明した女性参加者 は 3 名でした。

チャールズ・ミンガス

ダニー・リッチモンドが病気で来日できないと、代わりのドラマーが今一で、ニューハードととのレコーデイングの話が決まったがニューハードに入団しないかとお誘いの話が来た。ついでに富樫雅彦"牡羊座の歌"佐藤允彦作曲"ツトム・ヤマシタ:ものみな壇ノ浦"のレコーデイングもあるとのこと、即座に OK した。ジャッキー・バイヤードの曲は彼ら来日前の我々だけのリハの倍のテンポだった。それをチャーリーが Solo でワンコーラス示し LP におさまっている。また幸運にも彼の誘いで二人だけでこの曲を2コーラス練習した。次回来日時はお前を使うとも言ってくれた。彼はアイスクリームとダイヤアイスを始終食していた。今でも不思議でならない USA にはバップのドラマーは星の数ほどいるだろうに,ダニーの代わりでも片手は居るはずだが、初めから"裏"のビート、各コーラスのブレイクは SAX の指示があってわかる、というドラマーを連れてくるとは？
しかし日本コロンビア第1スタジオで以上の3LP+ 弘田三枝子の LP を一週間で録音した。

ステーション70

当時7千万の費用を掛けて70年に渋谷にオープンした最新機材満載の超近代的な地下の Club です。
何故か学生運動家のアジト（？）風な様相を呈していた記憶。
演奏中はステージ後方の壁一面にナム・ジュン・パイクの作品を彷彿させる何十台もの TV モニターに我々の Play が写し出され、休息時には、前日回の演奏が、playback される。
終演後はバンマスにその日の録音テープがプレゼントされる。固定ギャラ、ディナー付き。吉沢さんは Band 解散時、全てをは破棄したとか。南無阿弥陀仏。Free Jazz 以外では、夜遅く始まる、特設高座をしつらえての薩摩琵琶 Solo が大変新鮮でした。
阿部、高柳が長時間に渡る"初出演"で Club 側が照明を完全に落としても続けていたとの"箱"です。
同志社の Band メンバーが"よど号"で渡北した日に声明文が置いてありました。

Kaoru Abe VS Milford Graves 壮絶なバトル！

71年の暮れ、Chicagoの帰りにNYに寄り、パーカッションDuoのESPレコードで感銘を受けたMilfordに会いに行った。
LIVE予定がないので,自宅のBandリハに呼んでくれたのだが、Trioの演奏中一番前で眠りにけてしまった。

そして77年夏"世界最強のドラマー"と銘打って来日し再会. 私は興行主の団体とは離れて数年経っていたが、東京公演には竹田賢一氏、福島公演に地元の主催者から声をかけられ、出演することにしました。福島県平市での初日の前、自由参加だがMilfordとの合宿があるとのことで参加した。かれの威圧的な態度には少々閉口した。他の日本人が教示する半ば強制的な新体操(?)もあった。彼は"ヤトラ"と呼ばれるアフリカン武道を主宰する。日本人ミュージシャンが5,6名いたか、阿部は遅れてきた、長い前髪をたらし、Milfordの"指図"を一切受け付けず、"世界最強"をCheckしていたのだろうか。

次の日、平市の初日公演が始まった、阿部に言わせると、タンバリンを持ったMilfordから、踊りながら横に来て、肘鉄を食らったと、後ろからヤトラの名手に蹴られると思った彼は、Milfordの前、背中を客席に向け、ドラムの真前で戦闘開始！、世界最強に向け爆発してしまった、時に飛び跳ね, 相手を睨み続け、とうとうMilfordは演奏をやめて（恐れをなして？）楽屋に引き下がってしまった。イヤー、ジーンと来た。Free Jazzでこんな感情になったのも後にも先にもない。そしてMilfordは『あいつがやるならもうやらない』と言い出し、阿部と興行主と1時間もの個室での討論があった。阿部は『あいつが辞めたから奴の負けだ』と食い下がった、しかし此れから続くJapan tourの"主役"を首にもできなかったろう、次の日の福島公演では阿部が切られた。

そして講演が終わり客が帰り始め、舞台の袖、客席からは見えない処で阿部がAlto Sax Soloをはじめた。
政治的におろされた無念だったか、こんなにも寂しい音がSaxで表せるのか、こんな音も二度と聞いてない。

この阿部との再会で彼から声をかけられ、我々のDUO-彼の命名-『Overhang Party』がスタートした。Band名"Overhang Party"は阿部薫が死ぬ数か月程前、豊住とのDUOに命名し、とても気に入っていた。

特集：豊住芳三郎

それを豊住がALMアルバムのタイトル銘とした。予定されていた日仏会館での2人の自主コンサート1979/1/13が彼の追悼公演になってしまった。

しかし権力に対抗するのはなんて人を感動させるのだろう。比してそれに阿る醜さ、これはアーテイストたるもの、絶対に忘れてはいけない最低必要条件ではないだろうか。それはブルース，ジャズ、ロック、タンゴ、などの初期衝動には必ずあった事、きっとモーツァルトだって、能、歌舞伎、義太夫、ゴッホ、広重、民謡、俳諧、舞踏 etc
しかし名作、名品とされる全ての奥深くに、脈々と"愛"の大海が横たわっている。この対比の妙味を味わえる至福は何事にも代えがたい。これら地球に優しい人類最高の創造物でないだろうか。（他にある？）再びこんな時代になったからこそ、あえてもう一度叫びたい。

PEACE and LOVE！！！

サブ語録

＊道祖からは Percussion DUO を希望されて、海老名の我が家でリハをと・but my 練習室がゴッタガエシテ下りまして、返事を延ばしてるうちに，亡くなられてしまった、残念無念!!! そうです彼は共演はしません、（そもそも彼が出す音は"音楽"でないのです。説明ちょっと長くなるので一いつかお話いたしましょう。）で　この DUO の話も例外中の例外の事だったのに、、。

トランペット、ギター，東欧の笛 etc, やってますが，『つまらん！』の一言。尺八を平均律に合わせるなんてもってのほか！。竹の名称も"法竹"→"道具"→"定具"と変わってきておりまして、タルコフスキーの"サクリファイス"プログラムに"法竹"とされてるのを見て『ハッハーッ、変わったの知らんのだ』といっておりました。（で後半の名称は"定具"です。）

いつものプログラムは sabu solo それに奥さんの（籍は這いってない）風折具前の創作舞踏が入り duo で一部が終わり、二部で老師の講和と"吹定"＝演奏とはいいません、定具を吹くので"吹定"です。8回ほどやってます。

＊Rings でプラステイックの"桶"たたいてるのは僕のアイデア。彼の事故、69 年同年となってますが僕の記憶では７０年１月ですが、、。それで事故次の日"昭和元禄"の録音＝予定では富樫、高木だった。そして夜が銀座"ジャンク"でプーさん、ゲイリー・ピーコック Trio を富樫さんに変わりに頼まれました。ピーコックが"きょうは FREE でない"といって彼の曲を一回 solo で示してリハおわり→本番。彼吉沢 Trio を紀伊国屋ホールで聞いてた。玄米弁当食ってた。俺前編ブラシ，but 池田芳夫サンが、豊住君今まででイチバン良かったと・この紀伊国屋でやったグループに　"If～"のオーガナイズを頼みました。

＊1966 もうフランス船が就航止めてたので、香港からとび VISA は一週間の滞在。譜面読めるならと、米軍基地の drum の GIG あったが怖くてやめた。
サイゴン郊外で写真撮影中"空砲"と思う＝後ろから撃たれた。到着すぐの飛行場と町で（おそらく大統領官邸？）2度ホイッスルで注意受けた。

＊第二次大戦後、帰国してない鹿児島出身の、現地の人との間に子供もいる"前園さん"に会った、日本語学校経営してた。（生徒の兵隊が鉄砲おいて連れて行ってくれた。）
空からジャングルみて、仏語のプノンペンへ、超平和だったなー。（のち大虐殺があるとは"・・）
シンガポールから帰国のオランダ貨客船がヴェトナム沖通過中、米偵察機らしきをよく見た。

＊バー婆一富士"の LIVE 時、同級生〔当時、埼玉の銀行の支店長。〕で仲間一人と聴きに来ました。中学時の転校生で、なんとファイテインク原田〔もち同級生〕にやられそうになったとき僕が止めてくれたらしい。忘れちゃったけど彼いつも感謝してくれてた。

＊海童道なんかよく誤解されてたが、俺もいろいろ経験してるから、？よーうやっと"誤解"されるようになったか、なーんちゃって。

＊Paul は big band もやっていて、日本に来たがってたが、Drummer がルイス・モホロなので、手伝えなかった。靴はジャイアント馬場 並で家にはき捨てたのを洗ってニスして飾ろうと、but 女房に捨てられた！

＊1972 1月シェップに NY の"SLUGS"で昼に偶然あって握手！シェパード連れてた。で翌週 SLUGS で彼のクループきいた。で翌月、Lee Morgan がここ SLUGS で射殺された、俺は 2/1 に Paris に移動してた。どうせ死ぬなら射殺されるより、ふぐ食ってふぐ死のう！

＊小杉さんも"超""「俺が俺が」じゃないですね、だから"深い"って感じますが。

*吉沢 TRIO 解散したとき拙宅でタージマハルの長谷川さんだったか吉沢さんと三人で一日リハやりましたが、LIVE は実現しなかった。あと paris の"グランパレ"でタージ・マハルのメンバー（彼らは別の日の LIVE）の人が二人会いに来てくれた。こちら Coltrane とやってた Bass & B-cla といっしょだった。

*Good Name の津和野って山口じゃないんですね。地図を見てましたら防府の近くに ∴"タヌキ生息地"ってありますが、これなーーーに？いってみようかな。♪session でポンポコポンポコ饗宴じゃ！！！ で葉っぱのギャラジャーーーt！

*69 年 4 月 4 日ロシア/ウラジオストックから横浜へ帰航。1 週間もせず新宿 JAZZ 喫茶（ポニーだったか？2 階の）で吉沢さんに引き合わされた．で[TRIO やらない？] 俺[OK！]で吉沢 TRIO 入団！確か何やってもいいから、ってまず言われたような,、、SAMURAI ドップリだったので、一発 OK ですよ！！！
高木さんの第一印象は"寡黙"な、、だったような、。4 月最初の trio Live は新宿"汀"だったか？
その年この 3 人そのまま JoJo のところ=New Direction に入ってますからね。高木さんは富樫 Q に入っているし。で 70 年吉沢 Trio 解散、で JoJo のところも高木さんとやめて高木・豊住 DUO スタート、71 年 4 月 Chicago 行きのため DUO 解散．直後 New Jazz Hall が閉鎖だったとか、。

*海童道の教本に、あるところまで到達後，ヘ音（F でない放屁です。）と一緒に楽しむ（共演とは言わないよね、自分のだから狂、饗宴？）境地になる。とあります、だからかれは 5 音＋ヘ音で、6 音ダーツ！！！！ はいここで土下座ジャー。
実際。"Hall Egg Farm"とパリで彼の"長い放屁"を竹と同時でないが、ステージで聞いてます。腹を杖で何回か突いて。"体の中の汚いものは出さないといけない"といい BU————————————と 10 秒弱ぶっ放すんですよ！！！ "いつか教えてやろう"といわれたが、そのときを逃してしまった、。残念！！！

＊AACM〜の"突撃"＝素晴しい語だ、俺だけだったら浮かばない言葉だ！（台湾では俺が中国本土へ tour 行くのを"突撃"の漢字使ってたが。）Braxton グループ"辞退"はほんとは""スッポカシ"だった。アー情けない。but あれがあのときの俺だったんだーー。同じ年の 1 月 NY で増尾良秋（g)のアパート一泊したが 4 月ごろソニーロリンズのとこはいってるね。

＊フグは 4，5 切れあれば気分は十分でしょう。＝量で食べるもんじゃないですよ，もう！

＊今思い出すとよく CHICAGO まで行ったもんだ。高木さんは横浜港まで送りに来てくれたんですよ！！！
そう小学校低学年だった HICO 君も両親と見送りに来て別れの時泣いた。しかし、遠縁も含めて The Artist 0 の家系から、彼の弟（ドラマー）と 2 人プロミュージシャンになった。此れ涙が出る程ウレシイ！解るだろう？戦友ヨ！

＊SAMURAI の EP は日本で 67 年出発前 9 月、録音したか？ジャケットには My 写真載ってます。＝紛失した！風船だったか、伊勢君の作曲＝高校の一年先輩、俺が彼にプロになるの推薦した。彼 EUROPA 行く寸前"侍辞めた，プーさんの弟、菊池雅洋も寸前に脱退した。

＊ピート・コージーは Chicago, AACM 訪問初日のビックバンドで Play してた。ちゃんとの共演はしてないはず（大人数 Session のときいたか？）でも家が近くてスティーヴと何回かたずねました。71 年に赤ちゃんが生まれてた。ある My Party のとき入り口で check 役してくれた。Miles との来日時、大阪の"サブ"と言う店に来て"Sabu Toyozumi と関係あるの？と聞いてたとか。Paris の時点では彼の Miles 入団を知りませんでした。

後、なくなった旭川の白石徹栄氏(Misha, Yuji さん my Solo 等と企画して頂いた、名古屋、浜松にも聞きに来た。）と打ち上げ時、Paul の話が出て呼んじゃおう！と。3、4 回ほど招聘してます。Beer が好きで一日中飲んでます。ーで"Beer, Beer and Beer"を曲名にしよう！強力な共産党員です。で"Dear Ho Chi Minh"日本来る都度、北朝鮮にも行こう、と切願された。

*彼の葬式に参加した、ローリングストーンズの Drummer チャーリー・ワッツだっけ来なかったが、彼からの特大の花輪が教会入口に飾られた。チャーリーの Big Band のメンバーで USA tour してます。日本公演は流れた。
J Russell は"真っ赤なタイ"で参加した、数百人、又おおくのミュージシャンが参加した、EMANEM の Boss 夫妻も。Trombone Qurtet の演奏-Impro & Classics-がありました。式後の Party は主に Evan が取り仕切って、小学校の講堂様なとこで立食 Party, で Paul の兄、（数年後死去）姉にお会いして一日本招聘ありがとうとも言われた。実に Gentleman だった。my 招聘中で一番か。but ジョン・ブッチャーとは気が合わなかったような。完全な英国 ENGLISH を話す、アメリカ人が大々大嫌いだった。-but ラズウェル・ラッドだっけ ESP なんかでミルフォードと Play してる Trombone を除いて。彼のことは大尊敬してた。
英国 Slang を特に"悪がき"ツーのを覚えさせられた、（うちの息子の影響か？）猫好きですよ＝で I miss My Pet 〇〇。いいのでは。
彼の楽器は Evan が別居中の奥さんから低調に受け取って、キューバ＝（一度 tour で行ってて大変気に入ってた-）の音楽協会に贈られました。そしてキューバ国立音楽堂のいすに　彼の名がプレートされました。

*私めは"白闘"びゃくとう＝（道客時）から　丹爽、、、, 最後は"丹滄"たんそう＝（道士時）

*Paris で見てますよ、"ボブ・リードが Miles の guitar player が Sabu のこと探してる"ー俺は人違いーーー、（SABU ってゆう percussion いるでしょ？）って強引に連れていかれて、、、楽屋は Miles の隣の部屋だったが、彼が黒人 young girl と散歩してるの見てます。講演後ピートの Hotel で Chicago のこと etc 長いこと話した。中村達也が日本に招聘した（名前度忘れした）trombone のやつも部屋にいたなー。
そー, レスター・ボーイの弟、ジョー・ボーイだ！
日本に来たとき、何故か TEL あって赤坂プリンスホテルだったか会いに行って、もー人 trumpet も、それで女のアータラ子タラで赤坂 MUGEN=DISCO に連れて行って俺はちょっと"通訳"してやって帰ったよ、達也は羽田からトルコに直行させられたによ。

＊海童道は健康のため竹を吹きます。（not for the music!）

my opinion ですが例えば"風船とか浮き輪"を膨らますとき最後の方に力むと顎とかほっぺの辺りが痛くなりますよね？ で風船を"肺"にたとえて"体の顎のあたりに相当する"＝肺筋,背筋又は前肺筋 etc & 呼吸器系統を強化しての長息!!!は体調にいいと思いますが。

＊ハイ 1967年のヨーロッパ出発前夜（9月末日 or 10月頭）森山が Pit Inn で洋輔（この直後病気で倒れ69年まで復活してなかったようですね。）Trio でたたいていた・8月末か9月に洋輔、吉沢氏へ Trio 退団を伝えました。

＊山下 trio はフリーに行ってなかったが、やたら"イントロ"をえんえん、長長 Play して面白がってた。あれが Free の予兆だったか。
一度3人が新宿ポニーでセシルテイラーがかかって I said『俺らみたいじゃん』と言って2人に受けてたの思い出します。

＊でも80年初めに、よくこんな Sabu のことを"言い当ててる"とびっくりします、これ自分で最初目にした時でも，俺本人がなんか？？？でしたヨ。
彼女のうちでカセットテープ聞きながら、急に強い"腹痛"が来たにもかかわらず、時に部屋をあるったり20分ほどだったかで書き上げた記憶です。【詩聖・白石かずこライナーノーツ草稿時。】

＊桜の木は＝米国大使館の庭で、詩と jazz（FMT）の会でした。

＊ps:Sabu が吹いてる竹は Douglas Ewart 製作,Chicago で尺八として交換したものです。こんな"縁"で彼は来日→海童道との通訳者として尊師に出会った。AACM へ突撃してなければ尊師との世紀のはなかったんだろうか？

＊すごーーーい t!!!!! うれしい限りです。& 幸せです、生きててよかっ太!!!
＝阿部の死亡少し前に彼が銘々して非常に気に入ってました。

66.Art Crossing 2nd

＊**9／10**の"Good Man"＆翌週の吉祥寺"羅宇屋"等の"ぴあ"情報には掲載されてますが、もう手元にありません、で"コジマ"のＬＰにはこれをタイトルにしました。ほとんどの人が未だ知りません。
（でも日本のFreeシーンで重要なＤＵＯと自負しております）

＊**ムハール**とは、日本映画殿山泰司の『島』を観に行った。殿山氏が時々、聴きに来ると伝えたら、ニッコリしていました。
それとシカゴシンフォニーの小澤征爾、武満徹、ツトムヤマタ、"パーカッション・コンチェルト"も真剣に見入ってた。

＊**ツ**トム・ヤマシタとは日本で一枚のLP, TVの11pm、アフタヌーンショウで共演してます。終演後、楽屋を訪ねると前で数人の観客にサインを求められた。これってロリンズと来日したトランペッターのラシッドアリとコルトレーンのラシッドアリを我々はアフロヘヤーの大きい黒人で、同一人物と勘違いしたのと同じか。
86年、ブロッツマン Q(ハンス・ライヘル、ヨハネス・バウアー)でヨーロッパツアーした折、山下トリオのLPにサインを求められたこともあった、、、。

（注）これらは、豊住と末冨との電話やメールの交換の中で語られたものを抜き出したものです。主語が書けていたり、口語であったり、ふざけているような表現があったり、私と豊住しか分からない部分もあったりして、分かり辛い部分もありますが、あえて掲載いたしました。（末冨）

SABU アーカイブ#1

PISO 3
Concierto Doble

1º set
Francisco Casanova - Percusión
Cristián Horta - Guitarra eléctrica
Daniel Severin - Percusión
Martín Jil - Batería

2º set
Sabu Toyozumi – Batería
Ramiro Molina – Guitarra eléctrica
Amanda Irarrázabal - Contrabajo

Alférez Real 1083 esq/ Miguel Claro
Sábado 02 Noviembre – 21:00 hrs.
2.000.- pesos

68.Art Crossing 2nd

SABU アーカイブ #2

SABU アーカイブ#3

ペーター・ブロッツマン
Peter Brotzmann +
近藤等則
Toshinori Kondo +
豊住芳三郎
Sabu Toyozumi

TRIO

 SuperDeluxe

3月12日 水曜日

SDLX SUPERSESSIONS!

開場 19:30 / 開演 20:00
予約3300円 / 当日3800円 (ドリンク別)
ご予約、詳細は www.sdlx.jp/2014/3/12

マニ・ノイマイヤー
Mani Neumeier +
八木美知依
Michiyo Yagi

DUO

会場: SuperDeluxe 東京都港区西麻布 3-1-25 B1F
www.super-deluxe.com TEL 03-5412-0515

70.Art Crossing 2nd

SABU アーカイブ #4

SABU アーカイブ #5

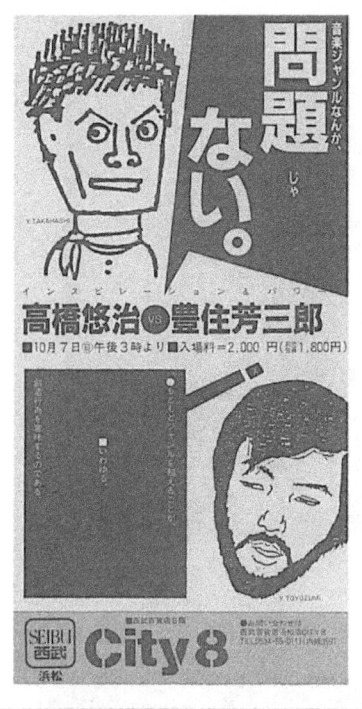

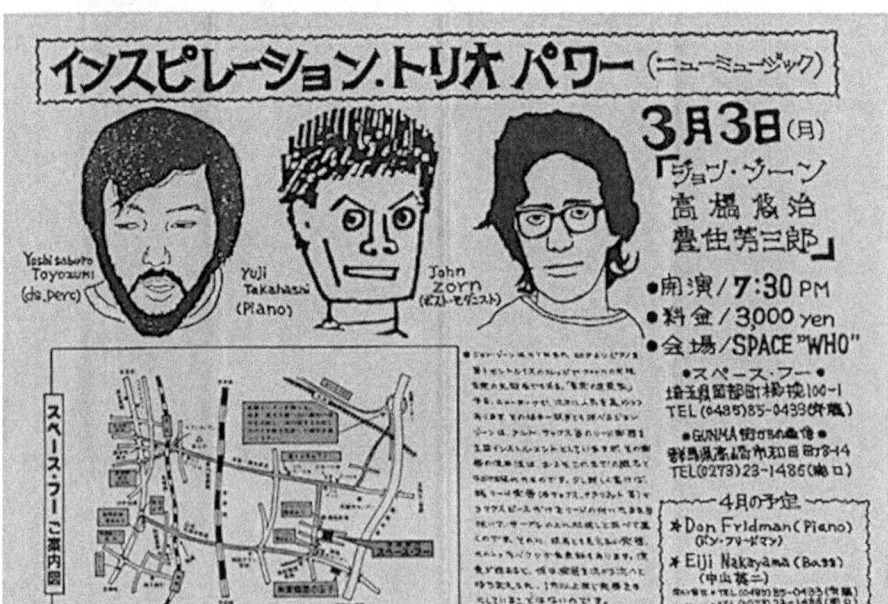

72.Art Crossing 2nd

SABU アーカイブ #6

特集：豊住芳三郎

SABU アーカイブ #7

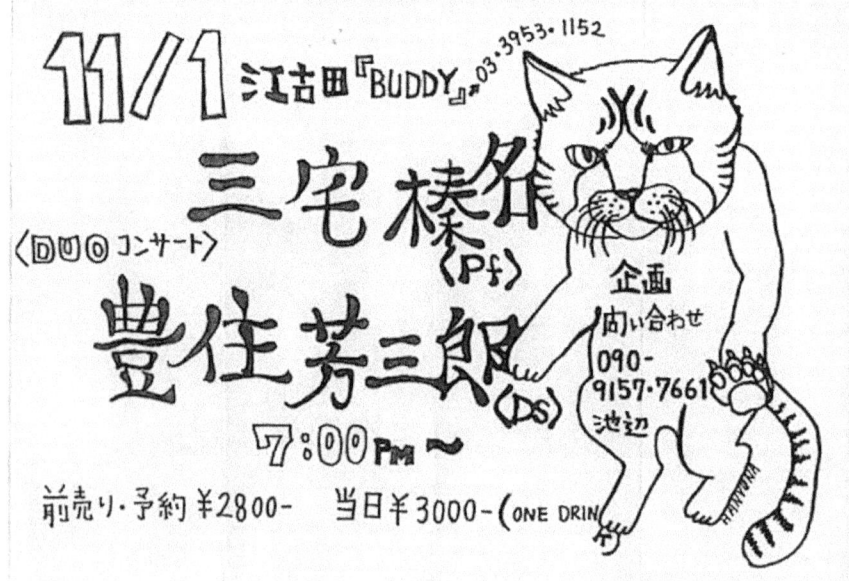

74. Art Crossing 2nd

SABU アーカイブ #8

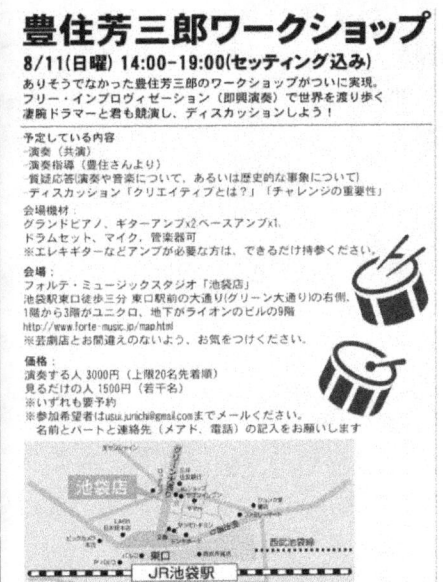

SABU アーカイブ #9

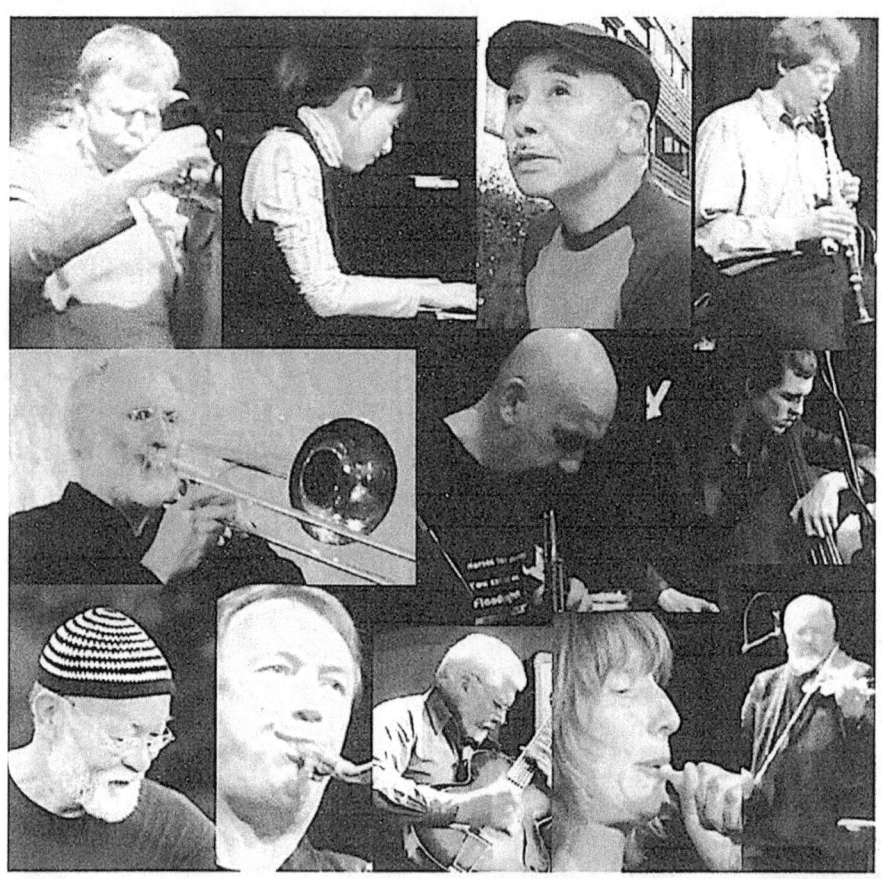

Members of "Fête Quaqua 2010"

76.Art Crossing 2nd

SABU アーカイブ #10

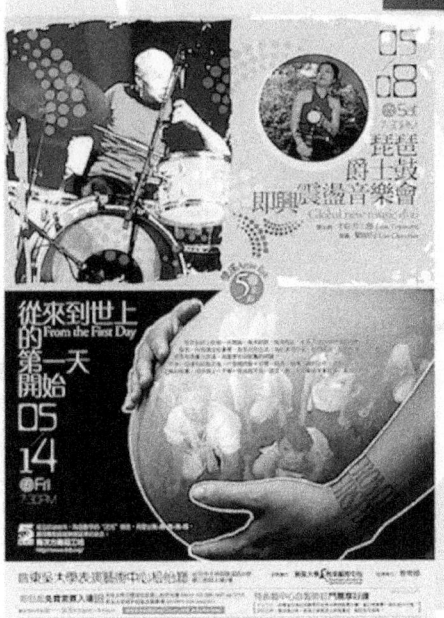

特集：豊住芳三郎

SABU アーカイブ #11

78. Art Crossing 2nd

SABU アーカイブ #12

1° Festival Internazionale in Europa di musica Pop - 1968

PALAZZO DELLO SPORT
ROMA - EUR

dal 4 al 7 maggio

Suono:
Comusik (Roma)
M. Casafa Baurer (Bologna)
Semprini (Roma)
Ian Stewart (Rolling Stones Organisation England)

Merito:
Promozione: Quis Quis Quid
Direzione e Creazione Luci: Clyde Steiner
Assistenza Luci: William Roenigsberg
Publicista: Shari Steiner
Effetti Speciali: Lavagna Luminosa - 3M
della Minnesota - Italia

Ringraziamenti Vivissimi:
Richard Deutch
Pat Latronica
Roberto Gagliardi
Julie Goall
Mel Wells
Bradley Harris Jr.
Vicki Rea
Marcello, Bruno, Roberto R., Roberto F., Jon, Alex, Chrissy, Andy D., Paul, Mark B., Katren, Stephan, Tom, Jingle, David H., Bell, Paulette, Nina, Kit, Jill, Sandy, Simonetta, Valentina

Ringraziamenti Particolari:
Dr. Nicla
Dr. Natallini

Stampa:
Tipografia Spada
Tipografia Egap

4 maggio ore 21
Juliè Driscoll and the Brian Auger Trinity - England
Hugues Aufray - France
Buffy Sainte Marie - U.S.A.
Donovan - England

5 maggio ore 18
Traffic
Ten Years After - England
Roboti - Five Up - Yugoslavia
Fairport Convention - England
Grapefruit - England
→ The Samurai - Japan
Captain Beefheart And His Magic Band

6 maggio ore 21
The Move - England
I Giganti - Italy
Pink Floyd - England
The Nice - England
Odetta - U.S.A.
The Association - U.S.A.

7 maggio ore 21
Blossom Toes - England
Country Beat of Jiri Brekek - Czechoslavakia
Family - England
Camaleonti - Italy
The Soft Machine - England
The Byrds - U.S.A.

特集：豊住芳三郎

SABU アーカイブ #13

80.Art Crossing 2nd

SABU アーカイブ #14

特集：豊住芳三郎

SABU アーカイブ #16

特集：豊住芳三郎

SABU アーカイブ #17

On Location

THE SABU TOYOZUMI PROJECT
LONDON RED ROSE

『英国：WIRE マガジン』

NIHON FREE JAZZ
YOSHISABURO TOYOZUMI

『アート誌』フランス

84.Art Crossing 2nd

SABU アーカイブ #18

『フィンランド誌』

特集：豊住芳三郎　　85

豊住さんとの事

近藤秀秋

　最初に豊住さんの演奏に注目したのは、ギタリスト高柳昌行さんの録音『calling question』(P.S.F. Records, PSFD-41)を聴いた時でした。1970年のライブ録音、メンバーは高柳昌行(g)、高木元輝(sax)、吉沢元治(cb)、そして豊住さん。圧巻でした。豊住さんの演奏はもちろんのこと、他のプレイヤーの演奏、グループのまとまり、音楽全体の方針、このいずれも素晴らしく、最初は印象の上で「すごい」程度の感想だったものが、繰り返し聴くほどに細部に渡る見事さに打ちのめされ、最後には要所を楽譜に起こし、構造を図に書いて分析するほどのめり込みました。間章さんの影響か、私は音楽を詩的な言葉に逃がしてしまう傾向があったのですが、そういう道化を赦さない説得力を持つ音と音楽でした。後に豊住さんにお伺いしたのですが、あの時、豊住さんは高柳さんに「クリシェを使うな」というような事を言われていたそうです。ドラムで同じリズムフィギュアを用いる事を禁じられるというのは、さぞかし大変だったのではないかと思います。

　別方面での豊住さんの音楽家としての素晴らしさを記録した録音として、『散花楽』(May 2nd, OMS-006)を挙げたいです。2004年ライブ録音、グループインプロヴィゼーションなのですが、とかく自分ばかりの演奏表現に走りやすいインプロヴィゼーションという表現形式の中にあって、音楽全体に目配りをした振る舞いが見事です。うまく言えないのですが、演奏中に意識をバランスの良い所に置く事は、簡単ではないのですよね。自分が行う演奏についてはほとんど何も考えなくてもいい演奏を保証できるぐらいの技術レベルに達していないと、グループインプロヴィゼーション中で、こういう意識の置き方をするのは難しいのではないかと思います。

ケミー西丘(pf)、尾山修一(reeds)、野村おさむ(marimba, perc)ら共演者の演奏も素晴らしく、ここに記したプレイヤーの方々は有名ではない方かも知れませんが、豊住さんの数多い国内外の共演者群の中でもトップクラスの音楽レベルにあると思います。即興演奏を活動の軸に置いている豊住さんの録音は、どうしても録音の質を犠牲にせざるを得ないライブ録音が多いですが、これは豊住さんの録音群のなかでも上位にある好音質です。

　私個人の豊住さんとの関わりは、正確には覚えていないのですが、副島輝人さんのはからいで共演させていただいたあたりが最初と思います。そういえば、豊住さんと一緒に行ったロシア方面の楽旅でも、副島さんが随分と尽力くださいました。豊住さんの活動は多岐に渡っていますが、ひとつに若手との共演があり、私もその中のひとりでした。時系列でいえば、私の前が河合拓始さん、私の後が照内央晴さん、といった流れでしょうか。河合さんは今では現代音楽の素晴らしいリサイタリスト、照内さんは日本のフリーインプロヴィゼーションのシーンで飛ぶ鳥を落とす勢いの活躍ですから、大変な慧眼であったと言えるかも知れません。最近、コントラバスの齋藤徹さんがどこかで「今は若い人の申し出は極力断らないようにしている」というような事を書いていらっしゃいましたが、豊住さんもどこかに若手を育てるという意識があったのかも知れません。娘さんが働いていらっしゃる焼肉屋でご馳走になった際、「本気でやる気がある奴とやりたい」とおっしゃっていたのを覚えています。

私の関わりと一緒に活動させていただいたころは、移動のバス中や楽屋などで、楽しい話をたくさんお聞かせいただきました。富樫雅彦さんの部屋でずっと音楽の話をして帰らないでいると、富樫さんの奥様から電車賃を渡されて「サブ、そろそろ帰りなさい」とたしなめられた話、デレク・ベイリーが神経質なので相当に気を遣った話、シカゴに乗り込んだ時の話など、笑い話として語っていらっしゃいましたが、実際の所は芸術家として生きる覚悟を本気でした人の人生なのだな、と感じるばかりでした。

　直接に共演させていただいた際に最も強く感じた事は、その素晴らしいプレイの背後にある、音に対する繊細な感覚でした。例えばタムのチューニングにおいても、音階や倍音の響きを綺麗に合わせてきます。豊住さんはリズム面でも音数面でも大変に複雑なアンサンブルをドラム内で作り出す事がありますが、それでも音が混みあってしまわないのは、同時に音が鳴っても嫌な重なりをせずむしろ音が美しく響くために音の見晴らしがよくなるためで、こうした音に対する繊細な配慮は、ジャズドラマーというよりはクラシックパーカッショニストの繊細さを感じさせるものでした。プロ演奏家として活動なさっている手前もあるのでしょうが、ライブでの豊住さんはサービス精神に溢れたハードな演奏を随所で披露してくれます。

しかし共演して初めて感じた豊住さんのこうしたアーティスト性はあまり取りあげられることがありません。しかし私にとっては、アーティストでありかつプロフェッショナルである人のみが達することの出来る高みとして、深く心に刺さりました。豊住さんの持つこの繊細なドラム内アンサンブルとその背景にあるサウンドの繊細さを残しておこうとしたのが『SUBLIMATON』(Bishop Records, EXJP012)という録音で、これはほとんどドラム協奏曲であって、豊住さんの作品の中でも、ドラムにマルチマイキングを施し、あまり語られない豊住さんのアーティスティックな側面をフォーカスしようとした数少ない録音と思います。

　私の関わりと録音面から豊住さんを取りあげてみましたが、実際の所の豊住さんは紛う事なきライブミュージシャンであり、死ぬまでプレイヤーであり続ける事を誇りとして活動なさっているのではないかと思います。こういう覚悟で音にむかえている人がどれだけいるか。才能に溢れながら、様々な雑音に惑わされて、あるべき音楽が見えない、見えても実践できない音楽家を数多く見てきました。そんな中で、技術や知識はもちろんとして、それ以前にある覚悟の段階で、既に芸術家として一流である方と思います。舞踏家の石井満隆さんと共演させていただいたり、元KGBの人が運転する移動バスに乗ってモスクワやアルハンゲリスクを渡り歩いて演奏させていただいた経験は、今の私の音楽に直接に繋がっており、大変感謝しています。

ニコラス・レットマン・バーティノヴィック&川口賢哉 デュオ 日本ツアー2016 スペシャル・ゲスト:豊住芳三郎
(2016年5月25日:横浜エアジン)

ニコラス・レットマン・バーティノヴィック (b)
川口賢哉 (尺八)
豊住芳三郎 (drums / perc / 二胡)

稲岡邦弥

所属する法人の理事が出演するライヴ・イベントと重なってしまったのだが、NYからの来日・帰国公演ということでエアジンに出かけることにした。地元のクラブ(といっても、door-to-doorで約1時間)なのに馬車道を折れる筋を間違えるほど足が遠のいていたのが恥ずかしい。エアジンはソニー・ロリンズの名曲＜エアジン＞に因む昔ながらのいわゆる"ジャズ・クラブ"の雰囲気を湛えた名店のひとつだ。オーナー梅本氏のブッキングも筋金入りで、毎年、春と秋には1週間にわたるスペシャル・イベントも組まれる(今年の3月は『うた祭り＜春＞2016』)。階段を上っていくと踊り場の椅子に腰掛けた豊住さんと出会い、久しぶりの再会の話題はお互いの体調について．．。どこに出かけてもシニア共通のテーマだ。下手から川口、Nico、豊住が並ぶ。豊住のブラシを使ったヒットから演奏が始まる。Nicoと川口が突き上げるようなスタッカートで応じる。豊住がまったく年齢を感じさせない軽快さで次々にスティック、マレットに持ち替え、あるいは指や掌を使ってリズムを点描していく。Nicoと川口はそれぞれ独自に直線的なラインを繰り出すコレクティヴ・インプロヴィゼーションで3者がアンサンブルとして聴こえてくることはない。

来日直前、Jazz Tokyo のリクエストに応じたインタヴューによると、Nico は 1972 年フランス・シェルブールの生まれ。1998 年、NY に渡り、イラストレーターや数々のセッションを経てアーチー・シェップのレギュラーとして活躍中。川口賢哉は 1970 年、広島県の生まれ。早大大学院を経て渡米、NY でカール・ベルガーのクリエイティヴ・オーケストラのメンバーとして、またジャーナリストとして活躍中。セッションの合間に確かめたところ、都山流の尺八奏者の家に生まれ、当然のように都山流を学んだが、その後明暗流を経て現在は海童道に励んでいるという。

最近、海童道（わたづみどう）に励む若い尺八奏者ふたりに出会ったので、アルバム『海童道』(1978 / SONY)の解説を参照しながら海童道を振り返ってみたい。この解説は海童道祖自身が記したものと思われるので、これ以上の資料はないだろう。「海童道は、剣道、茶道、書道などと同様、道のひとつだが、各種の道のように技倆を旨とするだけのものではなく、色々な自己のはたらきを表していく総合体であり、この総合体が単純化に至る」「海童道は具体的には、『自然法』『吹定』『道理』『海童道杖』『余流』などに分かれる」。

音楽ファンにとってもっとも興味があるのは『吹定』だろうが、『吹定』とは、「道具とよぶ縦笛を吹き用いて行う。吹くといっても演奏するのではなく、呼吸と動きによって行う体達であり、この『吹定』によって発する音の数々がまとめられて、色々な道曲となる」。「現在（注：1978 年当時）、海童道が医学の新たな行き方にも大変な示唆と影響を与えており、医学の方々からは海童道医学ともいわれ、海童道の在り方が重視されている」。

なお、海童道を創流した海童道師は、1910 年、福岡県の生まれ。本名を田中賢道といい明暗寺系統の博多一朝軒の出。1978 年（昭和 53 年 1 月）現在、「道祖老師は、毎日深夜から朝方にかけて広場に立ち通し、暴風雨の際でも、これを浴びて海童道杖を使駆するという激烈な体達をかさねて、苦しみ抜かれている。その期間も既に千七百日を超えている。このはたらきを吹定に打ち込む」。天台宗では千日間の荒行、すなわち千日回峰行を経て解脱（げだつ）、大阿闍梨（だいあじゃり）に至るが、海童道の体達はこれに勝るとも劣らないといえるだろう。

『吹定』についてはさらに、「すべて道具によるのではなく、道具を用いる際は寸分の油断も致さない。即ち思考と実践の一致のはたらき」と喝破され、「およそ音色を弄して、旋律的なものほどに音楽身を帯びるが、道

曲は音楽と違って、音楽的であればあるほどに、道曲としては力が弱く、道理から離れて、海童道の体達に入り難いのである」という。

一転、豊住の二胡の演奏から始まった2nd セットは、すぐ Nico がアルコで和し、川口も尺八で寄り添ってアンサンブルとなった。豊住の二胡から旋律めいたものが生まれたので、Nico が付け、コレクティヴ・インプロヴィゼーションではあったが、うまくアンサンブルと化したのだった。豊住は二胡を弾きながら、時折り足でバスドラやハイハットを踏んでオカズを入れる余裕をみせる。後半、豊住はドラムに戻り、Nico は弦の間にチューブを挟んでプリペアードを試みたり、ブリッジの先の弦をこすって懸命に音色の変化に挑戦してみせるが、川口はハードスケジュールの疲れからかあるいは海童道に固執するあまりか本領を発揮できずに不完全燃焼のまま終わってしまったようだ。リスナーとしてはそれぞれのソロも聴いてみたかったがベテランの豊住に場の支配を委ねてしまった Nico と川口についにそのチャンスは巡ってこなかった。幸い、Nico のソロ CD『Solo Japan Suite』を入手したので（25 枚限定の手書きイラスト・ジャケット付。ICP が創設されたときも LP ジャケやボックスはミュージシャンの手製だった）、近くリリースされる川口のソロ CD『雨露』(ChapChap Records) と合わせてゆっくり聴いてみよう。

追) PS：このレポートを書き終わったところで、僕が前述のアルバム『海童道』(SONY) を献呈した音楽人である友人から以下のメールが入電しているのを知りとても悔しい思いをした。豊住さんからじかに道祖について話を聞きたかったからだ。

友人のメールに曰く；「豊住さんは、はじめは、「豊住白闘道客」という名前を頂いたそうですが、最後には「道客」から「道士」に昇格して「丹滄」の名をもらったと仰っていました。つまり、「豊住丹滄道士」だと思います。道祖から習ったのは法竹や道曲などの音の面ではなく、哲学（海童道の道の哲理）だとも仰っていました。

一方で、ご自身のライブに（同時に音を出すことはなかったそうですが）道祖が出演するコーナーを設けたことが何度かあったそうです。海童道祖がそうした「ライブ」のような会に出演することは通常は有り得なかったそうですが、きっと、豊住さんだからこそ、道祖も引き受けたのだろうと思います。

PPS：海童道祖について真実を知りたいファンは、豊住さんのライヴに出かけて教えを乞うに越したことはない。知りたいこと、知りたくないこと、色々語ってくれるはずだ。（JazzTokyo 2016年6月1日初出）

From "ザ・ベスト・オブ・ジャズ 101人この1枚"
（CDジャーナル ムック 2005）

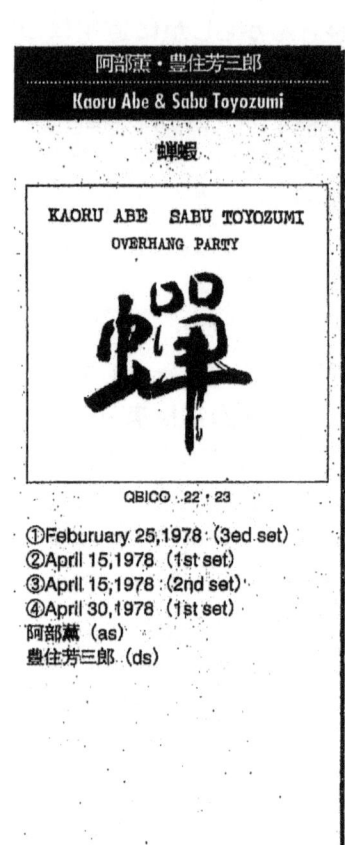

阿部薫・豊住芳三郎
Kaoru Abe & Sabu Toyozumi

蝉蝦

KAORU ABE SABU TOYOZUMI
OVERHANG PARTY

蝉

QBICO ..22・23

① Feburuary 25,1978（3ed set）
② April 15,1978（1st set）
③ April 15,1978（2nd set）
④ April 30,1978（1st set）
阿部薫（as）
豊住芳三郎（ds）

30日於東京。タイトルの『蝉蝦』＝せみのぬけがら。転じて、超然と世俗を抜け出ること、俗事にかまわず超然としていること、とある。ウーン、イイナー。笑える。これは大いに笑える。ALM・小島録音（クリエイティブな音を先取りして出版している）から80年に出た、この2人のユニット名をタイトルにして同じくレコード2枚組→後CD化→『オーバーハングパーティー』、OVERHANGとは登山用語で傾斜が90度以上の岸壁を登頂する、とある。ウーン、これもイイナー。ウットリする。昇天しそうだ。内容は両作とも120％反骨精神に溢れている。それは録音当時、いや必ずしもその当時でなくていいが、スイング某誌から「御褒美」を頂いた作品群と比べてみれば一目瞭然だ。QBICO社からの前作、アーサー・ドイル（ts、fl、vo）、水谷孝（eg）、豊住の『Live In Japan』（QBIC09・10/97年のライヴ録音）。発売4、5日で完売はいいが、一部ミュージシャンの正式な承諾前の出版は社の勇み足であった。しかし、外国の耳の肥えた人達による真の日本のクリエイティブなオリジナリティーを発掘し、認め、世に出してくれるのは嬉しい限りだ。

（パーカッショニスト）

＊胡麻摺り、おべんちゃら、営業第一。頭数。

毒と薬、ユーモアと反骨精神

◎阿部薫・豊住芳三郎／蝉蝦

◎豊住芳三郎

　全てとは言わないがシャリコマ臭のするなかで、こちらが何も聞いていないのに、口を尖らして、片目瞑って、半身の尻を此方に向けて「好きよ！　好きよ！」「チュッしてあげる」「早くイラッシャイナ」と手招きされてる様なのがあり、とっても恥ずかしくなる。そのうち嘔吐感はないが目眩ずらして来て、あげくのはて卒倒しそうになる。で、その前に机や椅子の角に打ち当たらない様、床上の流行作家以外の本やCDを蹴散らかさない様、スイッチオフする為ステレオに突進する。カーステレオのFMなんぞは運転中だけに身の危険さえ覚える。

　選考基準はユーモアと反骨精神だ。笑わしてくれると幸せな気分に浸れ、それはとっても大切な事だ（失笑・苦笑は除く）。反骨精神のないのは山葵の効いてない鮨、手打ちに対してのインスタント、端的に言えば『牙』と『毒が抜かれているという事。「毒を以て毒を制す」と言うが、薬なんか皆、毒であって、毒でない薬なんか塗っても、舐めても、飲んでも、打っても効くわけがない。結局「毒にも薬にもならない」。それは一生懸命やればやるだけ『お芸術』（オェーッ）になってしまい、実につまらない。別言すれば限りなく"ママさんコーラス"に近くなる。もう1つ選考基準を上げさせてもらえば、オリジナリティー。これはプロなら基本中の基本なので、ない者、パクリオンリーは高校の文化祭か自宅でシコシコやるがいい。

　昨年暮れイタリアのQBICO社から出版された『蝉蝦』（阿部薫＝as、豊住芳三郎＝ds）DUOレコードの2枚組（QBICO22・23）を選ばせてもらった。録音は阿部薫死亡（1978年9月9日）の年の2月25日、4月15日、4月

Sabu 裸婦画#2

レビュー for Sabu by 副島輝人

豊住芳三郎 Sabu Message To Chicago（Trio/1974）

1. ロスコーズ・チューン（オドウワラ）
   Roscoe's Tune (Odwalla)
2. マラカイズ・チューン
   Malachi's Tune
3 ピープル・イン・ソロウ（苦悩の人々）
   People In Sorrow

豊住芳三郎(perc)
宇梶晶二(bs)
原寮(p)
藤川義明(as)(3)

Recorded live at 郡山ジャズ・コーナー・ママ 1974.10.20
Concert produced by Teruto Soejima & Kohrjyama New Jazz Group
Recorded by Sohtaroh & Akioo Enokido with Philips Pro 12 (recorder)and
AKG-451E x 2 (microphones)
Mastered by Kunio Arar
Photos by Mitsuo Matsubara (courtesy of Jazz-Coffee Room "BOP",Hakodate)
Cover designed by Hisami Yamazaki
Release assistance:Kenny Inaoka & Kazuo Harada

■アルバムについて

　1974 年の雪もようやく溶けようとする頃、「サブ」こと豊住芳三郎は、ひょっこりと日本に舞いもどっていた。71 年春、それまで組んでいた高木元輝とのデュオを解散して、独りシカゴの AACM に乗り込み、アート・アンサンブル・オブ・シカゴのメンバー等と共演し、やがてヨーロッパに渡って活躍していたのだから、実に3年ぶりの帰国であった。

　しかし豊住は、日本に帰っても、いっこうにドラムを叩こうとしなかった。彼は、全くの個人的事情、家族的事情で帰国したのであり、特に日本での演奏を考えて戻ったのではなかった。そして、やがてまた日本を鋭出して、ヨーロッパあたりに行って演奏することを考えていたのだった。だから、豊住の演奏を聴いたファンは絶無だったし、それどころか、彼が日本に帰ってきていることすら知らない人が多かったのである。

　豊住は8月下旬、法政大学で月一回行われているニュージャズ・シンジケートに突然現われ、若いミュージシャンに混って、帰国後最初の演奏を行った。50 人に満たない聴衆の前で……。その時、豊住の顔さえ知らない若いミュージシャン達は、「もの凄いドラムだなァ」と云いながら、豊住の火の出る様な、しかし透徹したドラミングに聴き惚れていたのだった。9月13日、新宿安田生命ホールで、かつての僚友吉沢元治のリサイタルにゲスト出演し、再び9月下旬ニュージャズ・シンジケートにやってきた。そして豊住は云った「何処かで、僕自身の音楽を思い切り演ってみたいな。僕もミュージシャンだから、体の中に次第に毒がたまる様に、音楽したい気持がいっぱいになって、溢れ出そうなんだ。」

　こうして、急拠、豊住の東北・北海道ツアーは組まれた。秋田、平、郡山、一関、函館。メンバーも忽ち決った。ピアノの原寮は、以前しばしば高木・豊住デュオに客演していたから、豊住は原の音楽性とその志向する処は知りぬいていた。管楽器が一人欲しいと云い、バリトン・サックスの宇梶晶二に白羽の矢が立った。宇梶は、豊住とは、正式に初めての

手合わせである。だが、最初の練習が終った日に豊住は「宇梶は、ノー・プロブレムだよ」と快心の笑みと共に云った。

　幸い、豊住の家にはアップライトのピアノがあり、夜余り遅くならなければ音を出すことも自由だった。三人は、約一ケ月、豊住宅で猛練習に励んだ。レパートリーは、豊住が細心の注意をもって、ニュージャズの中でもそれぞれ表情の違う、様々なパターンを選んだ。しかし、半分は、豊住自身が三年前に共演した AACM のミュージシャン作曲のものであった。インターナショナル・パーカッショニスト＝サブ・トヨズミとしては当然のことであった。

　こうして、用意万端整った。豊住芳三郎トリオは、北に向って出発した。

■アルバムについて（コンサートからレコードへ）
　紅葉も終りに近づき、ようやく雪のシーズンを迎えようとする日本列島北の地方は、豊住芳三郎トリオの厳しくも熱い演奏に、湧きに湧いたのだった。音に託して、自からの生きざまを最も赤裸に表出してみせるニュージャズ。その真摯で誠実な音楽に対する姿勢は、聴衆の想像力を更に超えようとしていた。豊住トリオの演奏は、北の地方の各地に大輪の花を咲かせたのであった。そして、その烈しい色彩は、聴く者を圧倒し尽した。「豊住トリオと共に、我あり、我、豊住トリオと共にあり。」とは、後日一ファンから送られて来た手紙の一節である。

　各地で、テープ録音が行われた。それをレコードにすることは、ファン、関係者、そしてミュージシャンにとっても、共通の願いであった。この演奏を、一地方の、限られた聴衆の体験の内にだけおくには、余りにも惜しい。広く日本中、いや世界中の聴衆に聴いてもらって、その原体験と追体験のはざまをわかち合いたい。しかし、レコード化するには、様々な制約がある。録音状況、音質の問題、演奏時間、そしてもちろん演奏の音楽性等々。こうして、このアルバムでは、郡山で演奏された3曲が、その代表として選ばれた。他の地方の演奏でも、幾多の忘れ難い名演、熱演があったのだが、これはやむを得ないことであった。

　郡山での演奏に於てのみ、アルト・サックスの藤川義明がゲスト出演している。彼は丁度その日、プライベートな用事で郡山を通過することになっていた。それを知った豊住は、前夜東京の藤川に電話して、郡山の演奏へ参加を願ったのだった。4年前の「ニュージャズ・ホール」時代から、パーカッショニスト豊住を尊敬していた藤川は、取るものもとりあえず予定より6時間早く東京を発ち、まさしくおっとり刀ならぬおっとりアルト・サックスで郡山に駆けつけたのであった。藤川のプレイは、B面の〈ピーブル・イン・ソロウ〉にのみ入っているが、まさかこの演奏がレコード化されようとは夢にも思わなかったことだろう。

　このアルバムに入っている曲は、3曲ともアート・アンサンブル・オブ・シカゴのメンバーが創ったものである。と云うのは、〈ピーブル・イン・ソロウ〉を除いて、A面の2曲は、豊住がシカゴに在住中に創られたもので、豊住は彼等とその演奏のやり方を話し合ったり、初演に共演したりした、いわくのあるものだったのである。ちなみに、〈ロスコーズ・チューン〉は、アート・アンサンブル自身のレコード「バプティズム」の一部で、そのメロディーを聴くことが出来る。そして豊住トリオは、グレイト・ブラック・ミュージックの曲を日本人ミュージシャンとして捉え返し、自分達の空間で演奏し尽した。シカゴ前衛派の素晴らしい音楽性を尊重した上で、尚その上に、白分たち一日本人の音楽展開を行ったのである。従って、これは日本ニュージャズのアリバイを顕在化したものとも云えるだろう。だから、このアルバムの副題は「メッセージ・トゥ・シカゴ」であると、三人のミュージシャンは口を揃えて云うのだ。

● 豊住芳三郎

　親しい人達は、豊住を「舶来フーテン」と呼ぶ。全くの話、数多い日本のミュージシャンの中でも、豊住ほど自由に、世界を股にかけてのし歩いた男も少ないのではないか。アメリカ、ヨーロッパ、アフリカ、南米、東南アジア．．．行く先々で地元のミュージシャンと共演してきた。だから彼の家には、世界各地の民族楽器が山と積まれている。

　当然ながら、世界各地での豊住の演奏内容は、高い評価を受けている。パリから帰った高木元輝が「アメリカ黒人プレイヤーも含めて、ヨーロッパにいる一流ミュージシャン達は、俺はサブと一緒に演ったんだ、と胸を張って誇らしげに云うんですよ。」と云っていた。そういえば、来日したアンソニー・ブラクストンやアート・アンサンブル・オブ・シカゴのメンバー達が「サブは凄いパーカッショニストだよ。」と眼を細くして語っていたのを想い出す。

　豊住芳三郎は、1943年7月11日横浜で生まれた。小学生の頃、海洋少年団で太鼓を叩いていたというから、海外への志向はその時芽生えたものかも知れない。一旦は芸大打楽器科に入ったが、より自由な演奏を求めて2年で中退、青山学院大に移る。この頃から富樫雅彦に師事し、21才の時、銀座「ギャラリー8」で初めてステージに上った。

　日野皓正、武田和命、寺川正興、山下洋輔等と共演。当時は誰も彼も若かった。66年には山下洋輔トリオのドラマーだったが、翌年初の渡欧のため退団。その時の豊住の後任ドラマーが森山威男で、そのまま今日に至っているのも、今となってみれば面白い話だ。

　北欧各国、ソ連、東欧、北アフリカを廻って69年4月に帰国。直ちに吉沢元治トリオに加わった。この時から高木元輝との附合いが始まったのだった。同年夏頃からは、高柳昌行ニュー・ディレクションのドラマーも兼ねている。だから、ニュー・ディレクションのアルバム『インディペンデント』は、豊住にとって初レコード吹込なのであった。

　翌70年3月、吉沢トリオが解散してからは、高木・豊住デュオを組んだが、このコンビは絶賛を博して、一躍日本のトップ・グループの一つにのし上った。それはニュージャズのブルースとも云うべき境地を切り拓き、この頃から豊性のパーカッショナブルなドラミングは、一層鋭さを増したのである。このデュオの演奏は『サキソフォン・アドベンチャー』なるLPに残されているのみだ。また、豊住は短期間、宮間利之とニュー・ハードにも在籍したが、丁度その時富樫雅彦コンポーズになる『牡羊座の歌』が録音されている。

　71年4月、矢もたてもたまらなくなって、シカゴ前衛派を訪ねて単身渡欧、大歓迎を受けて客分におさまり、レコーディングの機会こそ無かったが、多くのコンサートに共演している。ヨーロッパ等からシカゴを訪れた何人かのミュージシャンが、全く相手にされなかったというから、この様な例は世界でも豊住只一人であったらしい。

　翌年春にはパリに渡り、アラン・ショーター、アラン・シルヴァ、ボブ・リード、アンソニー・ブラクストン等、在欧の殆んどあらゆるミュージシャンと共演、更に在パリのピアニスト加古隆とデュオを組んで活躍、日本のサブの名はヨーロッパ・ジャズ界をも席捲したのであった。

　彼のドラミングには、著しい空間構築を感じ取ることが出来る。激しい一打のアタックと、ねばっこいローリングが慎重に按配され、特異な音色への配慮と共に、一打一音が点々と空間を塗り替えていく。そして、一見アトランダムにさえ見えるこの塗り替え作業が、実は一曲の演奏が終ってみると、見事、一分の隙もなく塗りつぶされてしまっているのだ。これは非凡な才能である。タイムキープや、いわゆるスイング感ではない、ある範囲の空間を音で埋めることによって自分のものにしてしまうやり方、その作業の過程に、我々は魅せられ、引き込まれてしまうのであるが、彼自身にとっての課題なのであろう。

　　　（副島輝人：トリオレコード発売のLPに付されたオリジナル・ライナーノーツを抜粋転載）

＊一曲目のロスコーズチューン「オドゥワラ」、二曲目の「マラカイズチューン」は、私のシカゴ到着一か月後のコンサートの為に書かれ、初演した曲です。「オドゥワラ」は後AECのテーマソングになりました。因みに71年暮れ、私がシカゴを離れる際、ロスコー・ミッチェルに「I Shall Return.」の日本語を尋ねられた「Mata Kimasu」は、AECの72年録音の二枚組「マンデル・ホール・ライヴ」の中で命名されています。ウレシイ！ B面の「ピープル イン ソロウ」は高木元輝氏と日本盤発売直後から、必ず毎回演奏していました。その後原寮は89年に直木賞受賞。宇梶晶二とは86年国際交流基金の後援で北米ツアーをしました。裏ジャケットの「バップ」は函館駅近くに移転して営業しています。大歓迎されたAACMでは、沢山の事を学び、約半世紀過ぎた今もそれが生きています。再び感謝のメッセージを贈らせて頂きます。ARIGATOU！！(豊住)

豊住芳三郎/藻（Torio/1975）

1. 流星群
   Meteor Corowd（M,Takagi）
2. 藻
   WaterWeed（M.Takagi）

豊住芳三郎（perc）
高木元輝（reeds）
徳弘崇（b）

1975年7月2日 豊住芳三郎"七つの海"コンサート実況／日仏会館 CONCERT "SABU TOYOZUMI THE SEVEN SEAS"
LIVE AT NICHIFUTSU KAIKAN HALL, JULY 2,1975.
Concert produced by Teruto Soejima & Kunio Ohashi(Proiect21)
Recorded & mixed by Tatsuo Minami
Title by Hiroko Natsuaki
Sleeve designed by Nakakazu Nagashima
Album produced by Kenny Inaoka & Kazuo Harada

豊住芳三郎は、日本国内でよりも、むしろ海外で一層評価の高いミュージシャンなのである。彼は、シカゴの AACM やヨーロッパ各国等、世界の前衛的ジャズ・シーンを、単身渡り歩いてきた。その多くの共演や交友を通して、世界の創造的ミュージシャン達は、豊住の音楽性や才能を深く認識し絶大の評価を送っている。例えば、来日したアンソニー・ブラクストンは「サブ（豊住のニックネーム）とは、バリで一緒に演ったことがある。素晴らしいパーカッショニストだよ。」と目を細くして語るし、アート・アンサンブル・オブ・シカゴのメンバー達は「彼は絶対に信頼出来る同志であり、ドラマーである。」と口々に云ったものだった。また、ヨーロッパを廻った佐藤允彦は「フランスへ行っても、ドイツへ行っても、豊住芳三郎の名は、一種の畏敬をもって誦られていた。」と云うし、バリ帰りの高木元輝は「アメリカ黒人プレイヤーも含めて、ヨーロッパの一流ミュージシャン達は、俺はサブと一緒に演ったんだ、と胸を張って誇らしげに云うんですよ。」と嬉しそうに報告する。
いくら例を挙げていても切りがないし、それに外人ミュージシャンがなんと誉めようとも、我々は自分の耳と心で、サブの音楽を聴かなければならない。そして、このアルバムで、

我々はサブの真価のかなりの部分に接することが出来る。彼は精神の自由を、飛翔する想像力に乗せて、一見おおらかだが鋭い空間創造を叩き出しているのである。
豊住芳三郎は、昭和18年7月11日横浜で生まれた。小学生の時に、海洋少年団の鼓笛隊で太鼓を叩いたのが、音楽に触れた第一歩だった。海とドラムは、少年時代から彼の心の内奥に潜み、今日まで至っていることは、興味あることだ。芸大打楽器科に入学するが、精神の不自由さを覚え、青山学院大に移る。そして彼は、富樫雅彦に師事し、そのボーヤとなる。
今日、日本でも有数のドラマーとしての豊住芳三郎たらしめた要因は多々あるだろうが、少なくとも富樫雅彦と高木元輝の二人のミュージシャンは、豊住にとって欠くことの出来ない存在であると僕は思う。富樫に師事したことは、豊住にとって大きな幸運であった。他のボーヤと違って、彼は物怖じしないでザックバランに富樫に接し、富樫の持てるものをそっくり学び取ろうとする貪欲さをみせたのだ。「我々は山賊、うぬが誇りを掠め盗らん」とは太宰治のフレーズだ。が、そういう豊住の姿勢を富樫は愛した。そして豊住は、基本技術から音楽思想、セッティングやチューニングまで、習い覚えた、ここから先は、豊住の個性の問題となる。21歳の時、初めて一本立ち、ギャラリー8でステージに上った。昭和42年、ミッキー・カーチスのバンドで最初の渡欧。そのままヨーロッパに居残った、そして、独り北欧、ソ連、東欧、北アフリカと廻る。44年4月に帰国すると、直ちに吉沢元治トリオに招かれた。この時から、高木元輝との附合いが始まった。そして、豊住自身の個性的なドラミングが開花し始めたのも、この頃からである。高木、吉沢という強烈な個性を、どう反射してトリオのサウンドをまとめるかが、豊住の課題となり、豊住独特のパーカッショナブルなドラミングがハッキリと現われ出したのだった。このトリオは約1年続き、その間、高柳昌行ニュー・ディレクションのメンバーを兼ねていた時期もある。
昭和45年3月、吉沢トリオが解散してからは高木とデュエットを組んだのだった。このコンビは、強烈な音楽性とラジカルな創造性によって、日本のトップ・グループにのし上った。高木の激烈な情念の噴出を受けとめた豊住は、鋭く反応しながら次々と異なる表情を繰り出し、演奏の色彩感を変え空間を拡大していく。サウンドの表情の変遷。或る時は、ニュージャズのブルースとも云うべき境地を切り拓いたのだった。

「ピープル・イン・ソロウ」をしばしば演奏したのもこの頃のことだった。豊住にとって、いわば富樫は父親であり、高木は兄貴であったと、僕は今にして思う。このデュエットも、約1年間で一応のピリオドを打つ。46年4月、矢も盾もたまらなくなった豊住は、高木と別れてシカゴAACMに飛んだ。突然の訪問にもかかわらず、AACMは豊住を暖かく迎えてくれたという。彼は10ヶ月程、AACMの客分としておさまり、多くのコンサートに出演したのだった。ヨーロッパから来た某ミュージシャンは、シカゴの連中に全く相手にされず追返されたというから、こうした存在は、多分豊住だけだったのだろう。つまり、彼の演奏、人柄はそれだけ高く評価されたのである。
そして47年奏、豊住はパリに渡る。パリにはジャズと現代音楽を学んでいるピアニスト加古隆がいた。KAKO E SABUというデュオが、花の都で活躍する。ヨーロッパの人々は、このデュオの音楽の内部に東洋の想念を感じ取り、噂が高くなる。フランスのジャズ雑誌が頁をさいて、デュオを中心に日本のジャズの紹介文を載せた。結果的にではあるが、豊住の活躍は、日本のジャズ界のパイオニアの役目を果たしたのだった。後に高木元輝や沖至が渡仏した時、豊住の実績が下地になっている部分も大いにあったと聞いている。豊住は、デュオの他、アラン・ショーター、アラン・シルヴァ、ボブ・リード、アンソニー・ブラクストン等、当時在欧の殆どのミュージシャンとも共演したという。48年の暮、パリに向った高木元輝とすれ違って、翌年正月、豊住は日本に帰ってきた。だが、彼はなかなかスティックを握ろうとしなかった。なぜなら、それは個人的、家庭事情による一時の帰国なのであって、

心は早くも三度目の海外へ飛んでいたのであった。しかし、吉沢元治コンサートやニュージャズ・シンジケートへの客演は、豊住の意識の真底に眠っていた音楽衝動を揺り動かした。「自分の音楽を、思い切り演ってみたい。」こうして 49 年秋、宇梶晶二（バリトン・サックス）、原寮（ピアノ）という豊住芳三郎トリオが誕生し、北海道、東北への演奏旅行が組まれた。この中、郡山での演奏が録音され、豊住の最初のリーダー・アルバム『サブ＝メッセージ・トゥ・シカゴ』が出来上る。しかし、演奏旅行の 1 ヵ月後には、彼はすでに日本を後にして、南米に向っていた。自由人間、豊住を象徴するようなエピソードである。

同じ頃、高木元蝉が再び豊住とすれ違いに帰国してくる。他の誰よりも豊住と一緒に演りたい高木は、豊住の三度目の帰国を待ちわびて、南米と手紙の往復を行う。50 年春には日本に帰るとの知らせを読んで、高木は呟いた。「サブのコンサートが出来ないかな。彼に、再出発のための良いスタートを切らしてやりたいんですよ。」。49 年秋の僅かな期間を除けば、豊住は 4 年も日本で演奏していなかった。彼の名を知らない若いファンもいた。そして、高木、豊住の共演もまた、4 年ぶりのことだった。

豊住芳三郎コンサートは、昭和 50 年 7 月 2 日、お茶の水の日仏会館ホールで行われた。高木元輝、宇梶晶二、藤川義明、庄田次郎、原寮、徳弘崇が豊住と共演し、都合 7 人のミュージシャンがステージに上った。コンサート・タイトルは、豊住自身が銘々した『7つの海』（THE SEVEN SEAS）である。いかにも世界中を駆け廻った豊住らしい題名でもあるが、豊住自身「ニュージャズとかフリー・ジャズというと、すぐにあん畜生！ コン畜生！ の音楽で、怒りや狂気だけのものと思われやすい。僕はもっといろんな要素を含めた、広い範囲のフリー・ジャズを演りたいな。」と語っているから、そうした意味も込められていた。当日、豊住本人に次いで、ヤル気でステージに立ったのは高木であった。実際、このコンビが共に音を出す時、それぞれが、それぞれの個性を越えた感性をうたい上げながら一体化する。極めてラジカルなコレスポンデンス。それは更に新しい指向を生じ、遠い彼方を見つめながら自らの表情を刻一刻変化させていく。この照応を反射させるのが、今日ではベースの徳弘の役割である。徳弘は、二人を鋭く反射しながら、しかも深く突き刺そうとする。この三人のみごとな関係性をとらえた二曲が、本アルバムであり、豊住芳三郎の輝ける 2 枚目のリーダー・アルバムとなった。

〈藻〉高木のバスクラで始まり、ベースが低音でそれにつける。豊住のシンバル・ワークが冴えている。高木の激しい情意に、豊住が思い切りよくリズムを創る。彼はリズムというものの底知れぬ深さを知っている男だ。だから、サウンドの広がりが増してくる。ベースとドラムのデュエットに移ると、徳弘はねばっこくうたい、豊住は小楽器を実に効果的に使う。沈黙の背後をすりぬけて行くようなドラム・ゾロの後に、ベースがテーマを弾き出し、バスクラがそれに加わる。これは、いかにも高木らしい情感に溢れた温かさがある。高木のバスクラは絶妙である。激しい表情と、素直で暖かいテーマが、まるでワンマン・フォー・バースのように交錯する。そこに、豊住がドッとばかりに押し寄せてくるのだ。この演奏の密度の高さは、このトリオにとっても屈指の好演と云っていいだろう。

〈流星群〉アルコを使ったベースの高音、シンバル、ソプラノ・サックスが交差する。高音の白熱が延々と続き、次第にスピード感を増してくる。豊住のバーカッショナブルな空間創造が良い。そして徳弘の情感。高木はこの時期、テナーよりソプラノの有効を考えていた様だった。それにしても、流星群とはよく名付けたものだ。星の消滅する音を聴くという実験を、かつて滝口修造が行ったが、この演奏は、それをスローモーションでブラウン管に映し出したものとも云えよう。遥かな、幽かな無機質な空間を見つめる人間達。そして、ドラムの連打と共に、演奏はスーッと消えるように終る。

（旧トリオレコード発売の LP に付された副島輝人氏のライナーノートを転載）

㉒㋔ェ・㋐モレス時代と豊住芳三郎
カフェ・アモレス オープン 1989年

　1989年（平成元年）、家業の貨物船を下船し、防府市の自由が丘という、目黒の自由が丘とは似ても似つかぬ新興住宅地の一画に、喫茶店をオープンさせた。まだ広い宅地に家が200軒程度の頃だった。営業を始めて丸一年が近づいて来た頃、常連のIさんが、「一周年記念に何かやったら。古い楽器を弾いている人を知ってるから紹介しようか。」と、言われた。「古い楽器？」と、なんのことやら分からなかったが、これが、リュート、リコーダー、チェンバロ、ビオラ・ダ・ガンバのことだった！　市内外のアマチュアの人達だったけど、元々が古楽には興味津々だったので、とにかく LIVE をやってみようとなった。いざやってみると、お客さんは入るワ、面白かったワ、演奏した人達も楽しい人達だったワで、「よっしゃ、定期的にやりましょう！」と、なった。しかし、大変残念なことに、紹介してくれた常連のIさんは、その後病気で亡くなられてしまった。Iさんは、カフェ・アモレスでは数少ない毎日来てくれる常連さんだった。この人がいなかったら、はたしてその後のカフェ・アモレスの LIVE は無かったかもしれなかったのだ。私、あの世に行ったら、まずIさんにあいさつに行きます。合掌。

　その後、古楽サンサンブルや地元のアマチュアのジャズのライヴを続けていたのだが、1980年頃からの知り合いだった広瀬淳二さんのソロ・ライヴを92年に行ったら、そのライヴ情報を雑誌で見た吉沢元治さんのマネージャー川瀬めぐるさんから電話が入り、吉沢元治さんとローレンス・D"ブッチ"モリスさんのデュオ・ライヴの依頼だった。元々が吉沢さんのファ

ンだった私は、一体集客がどうなるのかという不安もあれど、依頼を受けたのだった。このライヴにいたく感激してしまった私は、その後、収支は度外視してでもの覚悟でインプロヴァイザーのライヴを続けて行くことになった。

豊住芳三郎 登場！

　吉沢元治さんと並んで大変お世話になったのが（まだ現在進行形なので、「なっている。」とすべきだ。）、豊住芳三郎さん。（以降、サブさん。）日本を飛び越えて世界屈指のフリージャズドラマーです。ある日、どこで知ったのか、店に電話をして来られた。ライヴの依頼だった。「豊住芳三郎」と言う名前だけで驚いたのだが、その後がもっと驚きだったのだ。サブさんは、「レオ・スミスと行きたいんだけど。」と、言われた。「レオ・スミス！」（頭の中では、声が裏返っていました。）、俺のノーミソは、瞬間はじけ飛んだ。レオさんの大大大ファンだった私は、即答。「はい、やらせていただきます。」だった。レオさんが自費出版された Kabell の古いLPも全部持っているくらいの大ファンだったのだから後先の事なんぞ考えなかった。私にとってトランペッターといえば、1にルイ・アームストロング（半分はヴォーカルが魅力）。2にマイルス・デイヴィス。3にドン・チェリー。4にレスター・ボウイ。5にワダダ・レオ・スミス。（4と5は、同列か。）次がビル・ディクソンかケニー・ホイーラーってな具合なのだから断る理由なんてどこにもなかった。ところで、「サブさんはどうなの？」との声が聞こえてきそうだが・・。日本人でフリー系のドラマーというと、富樫雅彦さんの名前がまず挙がるだろう。

私にとっては、その次がサブさん。しかし、富樫さんはドラマーというよりも、車イスの生活以降はパーカッショニストと呼ぶべき。ドラマーといえばサブさんがNO．1の座にあるべきだと思っている。なんだか、こじつけてサブさんを一番にした感じかもしれないが、ん～書いてる俺も困って来たなー。(笑)しかし、今も現役で世界中を飛び回って日夜色々な連中と演奏している姿は、世界屈指のドラマーの姿に他ならない。巨匠の一人なのである。ドラマーは、リズムを刻むのが仕事。しかし、サブさんは繰り返しを極力避ける。人によっては「この人、テクニックないんじゃないの？」なんて意見も出ることもある。「どこを聴いとんじゃアホタレ！」と、俺を怒らせることになる。だんだん文章が下品になって行ってる‥。フリー系のドラマーは（これは、ロックにもフュージョンにも言えるが）、ドラムセットの周りに細々と色々並べたがるけど、サブさんはそういうことはしない。ドラムセットという限定された中で、どれだけ出来るか挑戦しているみたいだ。

　巷では、阿部薫への評価が凄く高い。それに関しては文句は無い。サブさんは、この阿部薫とは生前幾度となく共演を重ねて来られた。アルバムも残されている。「オーヴァーハング・パーティー」だ。(近年は未発表だった録音「アカシアの雨がやむとき」、「蟬脱」がリリースされている)、人は、阿部の音ばかり語りたがる。しかし、この録音をよく聴いてみな。俺はサブさんの音の方に耳が行くのだ。これは、このアルバムが出た当時からいまだに変わることがない。贔屓目で言っているのじゃない。自分の耳に正直なだけだ。また、下品になって来た‥。

©大津正明

Sabu&John 六本木 WAVE

ちょっと寄り道をして、1980年代の私とサブさんの関係を。関係と言っても当時はサブさんと私は全く接点はなくて、あくまでこっちが一方的なファンだっただけの事でした。STUDIO 200 でサブさんと小杉武久さん、近藤等則さん達のライヴを見に行ったり（この時、私の隣に吉沢元治さんが座っておられました。演奏中に小杉さんとヒソヒソ話をされていましたが、ここでは内容は言えません。）
していましたが、当時サブさんはなかなか日本国内におられなかったようで、東京にいてもそうそう演奏は聴けなかったように記憶しています。

80年代から、サブさんは頻繁に海外の著名インプロヴァイザーを召喚しては日本国内をツアーして回っていました。そんな中に、80年代の中心人物と言ってもよいジョン・ゾーンもいました。そのジョン・ゾーンとサブさん、佐藤通弘（津軽三味線）、翠川敬基（cello）、広瀬淳二（セルフメイド・インストゥルメント）のライヴが、六本木 WAVE の玄関口であるというので、当時から交流のあった広瀬淳二さんにヴィデオ撮影の許可依頼をし、私は行けないので、その頃ヴィデオの学校に行っていた友達にヴィデオ撮影をしてもらいました。今となっては貴重な映像の記録となっています。YouTube にもアップしていないので、見る事は出来ません。動画から切り取って一枚の写真にしたのがこれらです。サブさんは、このジョン・ゾーンの他、フレッド・ヴァン・ホフ、ミシャ・メンゲルベルク、ハン・ベニンク、ポール・ラザフォード、サニー・マレイ、ワダダ・レオ・スミス、ペーター・ブロッツマン、デレク・ベイリー、バール・フィリップス、エルンスト・レイズグル、ジョン・ラッセル、マイケル・グレゴリー・ジャクソン、ジョセフ・ジャーマン等々数えきれないインプロヴァイザー達を、我々に聴かせて、見せてくれました。これらは、日本の音楽史の大きな1ページとなっています。

ワダダ・レオ・スミス＆SABU

　さて、レオさんとサブさんのデュオ・ライヴは、1993年4月14日　自由が丘（目黒のじゃなくて）のなんと自治会館という、まあなんとローカルな建物の中で行われた。床がフニャフニャの小さな会館。今は無いが、当時は隣が健康ランドだったりした。お客さんには、そのフニャフニャの床に座布団をひいて座ってもらった。これが不評。「ケツが痛てー。」なんだそうな。まるで、寄席気分。すぐ近所の人が、「なんだなんだ。」と、少し来てくれた。有り難い。そんな環境で行われたのがフリー・ジャズ/インプロヴィゼイションという、このギャップがたまらん！　百戦錬磨のお二人にもさぞ新鮮だっただろう（と、いうことにしておく）。レオさんとサブさんのデュオを聴いていつも感心することがある。お互いが目配せをした様子もないのに、突然演奏の方向がガラッと変わることがある。0.1秒もないほど瞬時にだ。聴いている方も、この時ゾクッとする。演奏中の以心伝心なのだろうか。
　ちょうどこの頃、レオさんはECMから「Kulture Jazz」というソロ・アルバムを出されていたところで、このライヴの中でも、このアルバムに収録されている歌を披露された。「Don't You Remember?」、「Seven Rings Of Light In The Hola Trinity」、「Love Supreme(For John Coltrane)」、「Up Rising」です。歌を歌うといっても、長い演奏中に挟まれる形でのもの。「さあ、今から歌います。」というものじゃない。演奏が終わって、客のひとりが、「スゲー！　本物のブルースや！」と、興奮していた。そりゃそうだ。レオさんは子供の頃からブルース漬けだった。継父がリトル・ビル・ウォレスと言うブルースマンだったのだから。生まれも育ちもミシシッピ州はリーランド。これまたブルースの塊で出来たような町なのだ。（って、行ったことは無いけど。そうらしい。）もうブルースの漬物みたいな人なのだ。そんな

人が抽象的な音楽を作って来たというのが面白い。今でもレオさんの創る音楽の中に彼のルーツが所々に現れて来るのが見て取れると思う。

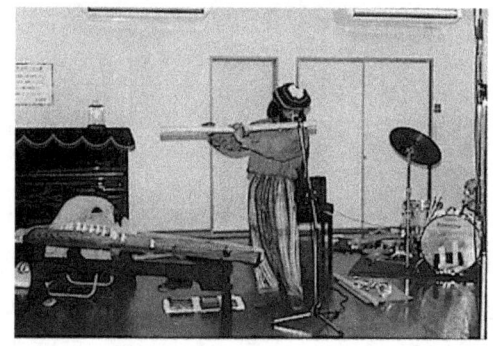

　この自治会館のライヴの大分前に、吉沢元治さんのマネージャー怪獣めぐら（現在は、めぐら画伯と呼ばれています。）から「ブッチが来るのー。やってよー。」とのご依頼。しかし、すでにレオさんとサブさんのライブが決まっていたところだった。「無理。」と、断ったが、そこは怪獣、ただじゃ引き下がらない。「じゃあ、レオさんとサブさんと、パパ（吉沢さんのこと）と、ブッチの四人でやろうよ。」と、オソロシイことを言う。私も、「こりゃ面白い！」と、瞬間思ったが、どうすりゃ皆のギャラや交通費が払えるんだ？と、現実に戻った。勇気を出して「ホント無理。」と断った。「お金なんて、どうにかなるよー。」なんてことを言われたが、どうにもならないのがお金です！「すみません。今回はギャラは払えません。」じゃ済まない。この四人のライヴは出来なかったけど、後日東京では、吉沢さんと、レオさんと、金大煥さんと、金子飛鳥さんのライヴは実現している。そして、金さんはレオさんを韓国に呼んでコンサートをしている。その後、レオさんは、姜泰煥さんと朴在千さんとの韓国公演も実現し、これはTV放映もされていた。
　レオさんとサブさんのデュオ・ライヴは、もう一回行ったが、2度目は翌年の1994年3月22日　山口市の「C・S 赤れんが」を使って行った。この時ツアーは、実は私がブッキングして回ったのだった。半分はサブさんが決めてこられたのだが。最初のレオ＆サブ・デュオ・ライヴの後、レオさんからの依頼で日本のマネージャーを仰せつかることになったので、その最初の仕事だった。県の助成金を取る事が出来た事もあって、山口市の小さいながらもホールを使ってみたのだが、これが裏目に出て、悲しい集

客数だったこともあって、ライヴ自体は成功裏に終わったとは言い難い。防府から出て、隣とはいえ山口市となると集客する方法に困った・・・は、言い訳になる。ライヴの集客の問題は、あれから20年以上たっても全然改善される予兆すらないのが現状だ。ライヴの集客数は、ひとえに主催者の力量によるもの。私も成長しないものだ。だが、この時の録音はリトアニアの No Business Records から2018年に「Burning Spirit」としてリリースが決まっている。客席は少なくとも、ステージ上は手抜きなし！

◎松本晃弘

ヨーロッパの校長先生？　さて誰のことでしょう？　正解は、ミシャさん。Misha Mengelberg（ミシャ・メンゲルベルク）さんだ。校長先生は、私が言い出したことじゃなくて、シチリアのサックス奏者の Gianni Gebbia/ジャンニ・ジェビアさんが、「ミシャ・メンゲルベルクと共演出来た。彼は自分達には校長先生なんだ。」と言ったのだ。それで、「校長先生」。これはジャンニにとってだけの話じゃなくて、私にとっても同じ。ヨーロッパには、もう一人校長先生がいる。Alexander von Schlippenbach/アレキサンダー・フォ

ン・シュリッペンバッハさんだ。二人いたっていいだろう？ アメリカでは、Cecil Taylor/セシル・テイラーと Ornette Coleman/オーネット・コールマンだろう。大きく Jazz 全般となるとルイ・アームストロングかデューク・エリントンか。ジェリー・ロール・モートンが「何言うとるか！このワシじゃ！」と言いそうだが。さて、その校長先生がカフェ・アモレスに来たんだよ！ サブさんが連れて来てくれたんだよ！（ちょっと、興奮してしまいました。）誰だ？「どうせドラマーならサブさんより Han Bennink/ハン・ベニンクだろう。」って言ったのは！？ 実は、誰かが本当に言ったけど・・・。そのハン・ベニンクさんも、1995年には、サブさんが防府まで連れて来てくれたのでした。私、東に足を向けて寝られません。サブさんは、神奈川県民です。さて、肝心のライヴの方は、一曲30分位の2セット。アンコールのオマケ付き。ミシャさんの、モンクよりモンクしている？ピアノが目の前で聴けるなんて、もう俺死んでもいいと‥までは思わないが、それに近い感激だった。

　カフェ・アモレスのライヴは、住宅街のど真ん中にある為、ドラムは避けていたのだけれど、この日はそれを無視！ どうしても、ミシャさんに店のピアノを弾いてもらいたかった。当然サブさんも、店内でドラムをぶっ叩くことになる。しかし、そこは百戦錬磨の「おいらはドーラマー！」だ。TPOに合わせた演奏が出来るってもんだ。いや、別によそでもああなりましたかねー？ サブさんは、やる相手や会場の違い、当日使うドラムの違いによって、3日やれば3度違う演奏の出来る人で、これは同じツアーでも、複数回見れば分かる事です。そのどれもが「Sabu Toyozumi」の個性が出せるのです。 最後にミシャさんらしいネタをひとつ。ホテルを出て「お茶にしましょう。」ということになって、今では閉店してしまった防府市内のとあるファミレスに三人で入って行ったのでした。サブさんと私はコヒーを注文。ミシャさんはと言うと、コヒーとパフェまでは理解出来た。が、三つ目の注文が日本人には大変意表を突くものだった。さあ〜て何でしょう？なんとこれが、「味噌汁」！だったのだ。コーヒーとパフェと味噌汁を一緒に食べることが出来るからこそ、あんな音楽が作れるんだなあ。と、しみじみ思った。常識的な日常を送ってたんじゃああはなれないってことだ！「これこそ、DADA なんだよ！」とは、サブさん。ウェイトレスさんの「ええ？」と言う顔が今でも忘れられません。

この時の録音は、すぐにでもCD化しようと思い、ミシャさん、サブさんにはリリース許可を取り、サブさんは曲名も考えられました。が、ズルズルと延び延びになってしまい、リリース出来たのがそれから19年後と言うのだから、我乍ら情けないやら。お二人には大変御迷惑をおかけいたしました。でも、個人的には「名盤」をひとつ誕生させたと自負している。サブさんは、「これは、私の勲章だよ！」と常々言っておられます。最近では、二人で「よく、あれが作れたよなあ？」と、話してたりしています。「逍遥遊/The Untrammeled Traveler」(CPCD-006)です。ジャケットのカヴァー・アートは、サブさんの作です。印刷が終わってから「やっぱり書は孝代さん（私のカミさん）に書いてもらうんだった。」と、後の祭り。

「DADA、打打」

　身長198cmのドラマー？　こんなデカイドラマーを、平均的日本人より小さいドラマーのサブさんが連れて来た。ヨーロッパ最強のドラマー、オランダの Han Bennink/ハン・ベニンクさんだ！　ミシャさんの次がハンさ

んとは出来すぎているが、こうなった。「ジャズ名盤100選」とかなら絶対入ってるエリック・ドルフィーの名作「ラスト・デイト」のピアノとドラムの両方が防府に来られた事になる。ドラマー二人のデュオ・ライヴをどこでやろうかと悩んでいたら（住宅地の真ん中のカフェ・アモレスでは無理）、ライヴの常連の小学校の先生が、先生仲間で面白い人がいて、そこの小学校のホール（体育館でも、講堂でもなくホール！　近頃の小学校って凄いなあ。）を使えるかも。と、言うのだ。すると、あっけなく使用OK（本当は、大変な交渉が有ったらしい。）が出た。そこで作戦を考えた。子供は無料にすれば親は当然ついて来るだろう。親から入場料をいただける。子供達にも他じゃ味わえない経験をさせることが出来ると。さて、蓋を開けてみると、親達は子供は連れて来るも、親自身は家に帰ってしまった！あれ～？　それはともかく、ライヴだ。せっかく広い空間を使えるのだ。

　ドラムセットを2台左右に置いて、その周りにピアノ、和太鼓、脚立、おもちゃ色々、竹の棒等々を配置した。演奏が始まるや、それらはすぐにてんでバラバラ状態になった。二人があっちこっちを動き回りいろんな音を出していた。ハンさんは、ピアノを弾いたり、他所の部屋に有ったCメロ・サックスを取って来て吹き出したり、如雨露を吹いたり、脚立を叩いたり、歌を歌ったりと大立ち回り。サブさんも負けじと跳び回る。見ても聴いても楽しいライヴだった。さて、子供達にはどう映ったのだろうか。知っている人も多いと思うが、ハンさんはドラマーの顔の他に芸術家としても大変な人だ。チラっと見ただけで、ハンさんの作だと分かるジャケット・デザインやオブジェの数々。スケジュール帳のようなものを取り出された時、それを見た小学校の先生（美術が専門）が、「このまんま作品として美術館に置けますよ！」と、興奮していた。

　ハンさんは、デカイ図体に似合わず、俺たちが格闘技（その頃K－1やプライドの最盛期だった。）の話をしたら（格闘技のメッカ、オランダからやって来た人なので興味が有るかと思った。）、「暴力的なものは嫌いだ。スケートが好きだ。マラソンみたいに長距離をよく滑る。」と言っていた。とにかく楽しい人なんだが、そこは反骨精神イッパイの人でもある。小学校でのライヴ中、ピアノにとある黄色い旗を突っ込んで演奏された。後で、「あの旗に何か書いてあったが、あれは何だ？」と聞かれたので、「信用金庫の名前が書かれてあった。」というと、「はじめからそうと分かってい

たら使わなかった。」と言われた。俺、心の中で拍手喝采していた。こうでなくちゃあねー。

　この時の録音が、2015年7月　ユニバーサルミュージックの「埋蔵音源発掘シリーズ」の中の1枚として「DADA、打打」とタイトルされてCDとアナログ・レコード(LP)としてリリースされた。これも、サブさんには「勲章！」

バール・フィリップス・ソロ

　1995年に、カフェ・アモレスは閉店した。私の父親が65歳にして貨物船の新造を決めたのだった。金融機関は、私がまた船に乗って後を継ぐことを条件に金を貸すと言う。このまんま客の少ない喫茶店を続けるのも問題があったので、また乗船したのだった。(その貨物船も2014年に廃業)最初の頃は、乗船しても、たまにはオカ(陸)に上がってライヴをしていた。それもじきのこと無理になって来たが。バール・フィリップスさんを呼んで無伴奏ソロのライヴをやったのは、ちょうどその頃のことだ。防府では無伴奏ソロ・ライヴとなったが、前日の広島までは、サブさんとツアーをしていた。予算的に二人は無理だったので、サブさんには悪いけれ

ど、バールさん一人での演奏を無理言ってやらせてもらった。バールさんのソロを聴いてみたかったと言うのもあったが。勿論サブさんも防府に来てもらった。タダで通訳を雇ったようなもので、なんだか悪かったなあ。サブさんも、客席に座ってバールさんの演奏を私達と一緒に堪能された。これはこれでサブさんは、楽しそうだった。その客なんだが、たったの8人！？　まあ、いつものことだけれど、これじゃあ何のためにライヴを続けているのやら？という疑問も湧いてこようというものだ。

　しかし、バールさんは熱演！　私は、バールさんの無伴奏ソロ・ライヴをいつかやりたくて、この機会をずっと待っていた。感無量とはこのことだった。その後直接会う機会も作れなかったが、数年前、バールさんの最後のジャパン・ツアーに際して作られたパンフレットを、バールさんが斉藤徹さんに「末冨に渡して欲しい。」と、言われたという話を聞いたときは嬉しかった。バールさんの無伴奏ソロ・ライヴの前に、吉沢さんの無伴奏ソロ・ライヴは実現していた。

　この時の録音は、モダーン・ミュージックより「エンプティ・ハット」としてCD化された。そうそう、この録音テープ（DAT）は、いまだに返却してもらっていませんけど？　バールさんの無伴奏のアルバムといえば、「Unaccompanied Barre」が有名。世界初の無伴奏によるベースの即興演奏を収録したアルバムだ。現在は本と一緒になった CD と DVD が Kadima から出ているので入手可能だが、このライヴをやった頃は全く CD 化されそうになかった。バールさんによれば、このアルバムは三度再発されたけれど、全部合わせても二千枚しかプレスされていないとのことだった。今回の Kadima による再発は感謝以外無い。吉沢さんにバールさんの「Unaccompanied Barre」について聞いてみたら「先を越されてしまった！」だった。

さて、ライヴが終わって、バールさんが客の前で、「末冨さん、カフェ・アモレスを再開して下さい。」と、何度も言われた。したいのはやまやまなれど、その軍資金も無けりゃ、やったってまた赤字に苦しみそう。

Barre Phillips Motoharu Yoshizawa 吉沢元治 OH MY, THOSE BOYS!

ⓒ松本晃弘

バールさんと吉沢さんとのデュオ・ライヴは、このソロに先立つ1994年4月5日に行っており、吉沢さんのCD「音喜時」にファースト・セットの1曲目が収録されている。No Business Records が、残りの録音から「Oh My,those boys!」としてリリースしました。

佐藤允彦&豊住芳三郎 at C・S 赤レンガ

©松本晃弘

　店を閉め、カフェ・アモレス主催じゃなくて、ちゃぷちゃぷレコードが主催となるライヴも少しは続いていた。(この頃はまだ「ちゃぷちゃぷミュージックを名乗ってはいなかった。」当然会場は他所の箱となった。ある日、サブさんのライヴをまたやりたいなあと思った。さて、誰とのデュオがいいだろうか？（トリオ以上は経済的に非常に厳しい）そこで思いついたのが佐藤允彦さんとのデュオ・ライヴ。早速ご両人に連絡をしてみると、アレヨアレヨと日程が決まってしまった。さて、どこでやろうか？防府では、都合の良い小ホールが存在しないので、山口市の「C・S 赤レンガ」に決定。演奏しにいちいち山口まで行って帰るのは面倒だし、客集めとなるとやはり地元の防府の方がいいに決まっている。しかししかし、防府には未だに(2018年現在)小ホールは無いし、作るなんていう計画もない。ピアノが置いてある100人から200人収容のホールが欲しい。行政側は、このくらいの箱が一番使い勝手がいいということを全く分かっていないようだ。アスピラートという600人収容のホールを建ててそれでヨシということになっている。まさか自分で建てられるワケがないしなあ。

　さて、愚痴はここまで。ここ「C・S赤れんが」は、サブさんは一度来ている所。レオさんとのライヴをやっている。この時お客さんは、スッカラカン。レオさんは、相当メゲていたけれど、サブさんは「こんなもん、いつものことよ。」と、どこ吹く風。こういうのいいんだか悪いんだか。結果から言うと、佐藤さんとのデュオはお客さん25人と、いつもの倍以上。大赤字には違いないけれど、「ようやった！」のレベル。(これで満足してちゃマズいんだが)　さて、サブさんと佐藤さんは、ずっと以前の70年代は、結構共演されていたようだし、結構な枚数のアルバムも残っているけれど、このライヴはホント久しぶりだったはずだ。というわけで、やる方も聴く方もどうい

う演奏になるかは、やってみなけりゃ分からないライヴとなった。即興のライヴといっても、顔ぶれを見たらだいたい想像つくもんだ。

　想像つかないライヴって、どっちに転ぶか聴いていてヒヤヒヤもんのところがある。そこがいいのだ。俺達インプロ・マニア？って、やっぱヘンなのだろう。へたすると、ボロボロの演奏だってある。これって、ミュージシャンがお客さんに対して責任を果たしていないってことになるはず。高木さんは、「こんなんじゃダメなんだよなあ。」と、私に言っていたことがあった。でも、俺達ファンは、「きょうはアカンかったなあ。前の方が良かったぞ。」で済ましていたりする。これも、いいんだか悪いんだか。で、この時はというと、これが「良かった！　凄かった！」なのであった。この日のサブさんは「おいらはドラマー」を地で行く演奏だった。サブさんは相手によって戦い方？を変える。この日は、これまで聴いた中で一番「ドラマー」していたように感じた。佐藤さんが、結構ガンガン攻めてきたので、「フリー・ジャズ・ドラマー」の血が騒いだみたい。サブさんて、相手があっち行ったりこっち行ったりするタイプだと、それ以上にあっち行ったりこっち行ったりするけれど（まあこういった時って、ドラムの椅子に座っていないもんなあ）今回はピタリ照準を決めた演奏になった。お客さんの中に「豊住さんて、ちゃんとドラムを叩こうとすれば叩けるんじゃん。」と言ったやつがいた。ハハハ。

©松本晃弘

　この後日、新宿PIT・INNで佐藤さん、サブさん、梅津和時さんのトリオ・ライヴがあったそうだ。最近では、「Peter Brötmann／ペーター・ブロッツマン、佐藤允彦＆豊住芳三郎」や「佐藤允彦、坂田明＆豊住芳三郎」と言ったライヴも行われている。この時の録音も、No Business Recordsから、「The Aiki」とタイトルされてリリース予定です。

高橋悠治＆豊住芳三郎 at C・S 赤れんが

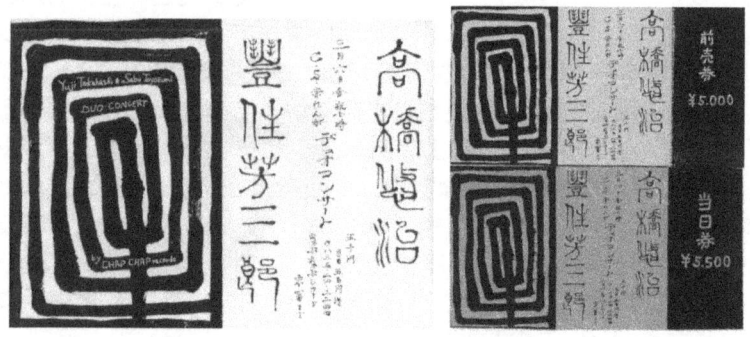

　サブさん、「こうなりゃピアノ特集だ！」と言って連れて来られたのが、なんと高橋悠治さん！もう、私もカミさんも興奮したのなんの。「ついに俺達もここまで来れたんだー！」てな感じだった。そりゃあこれまでも、レコードやCDをせっせと集めて聴きまくったミュージシャン達（「ベースだと誰が好き？」と聞かれて、「バール・フィリップス」と答えていた者が、その当人のライヴが出来て、オマケにリーダーアルバムではなかったにせよCDを作れたんだから、これまででも十分すぎるほど素晴らしい経験をさせていただいたものだ。レオさん、金さん、姜さん、崔さん、佐藤さん、サブさん、高木さん、Evan Parker さん、Sainkho さん、Alex さん＆Aki さん、Misha さん、Han さん、Butch Morris さん、Ned Rothenberg さん、GeorgeE.Lewis さん等々皆そうだ。）と仕事が出来てなんと幸運なことと思う。思うが、高橋悠治さんは私の中では別格な存在なのだ。（もう一人別格な人がいる。小杉武久さん！）そりゃあケージ、コルトレーン、マイルス、サッチモ、チャーリー・パーカー、バド・パウエル、エリントン、グールド、テュードア、ビートルズの四人、ドルフィー、マニタス・デ・プラタ等々まだまだいるけれど、彼等にはあの世に行ったって、まあ会えることはないだろう。この世で会えるってのがいいのだ。当たり前か。そんな私だから高橋さんとの初対面の時は、さすがに緊張した。話をしている内に緊張もとけてきたが、隣にサブさんがいたのが緊張を緩めてくれたのだろう。

　さて、ライヴのお話。演奏会場は、佐藤さんの時と同じく山口市のC・S赤れんが。お客さんの数まで同じ25人だった。正直「高橋さんで25人かあ。」と、ガックリ。数はガックリだが、演奏の方は良かったのなんの！佐藤さんの時のように、ビシバシ音が飛ぶのじゃなくて、音が大小の波の間を揺れながら現れる感じ。サブさんなんて、佐藤さんの時とは違ってドラムの椅子にほとんど座っていない。

床を叩いたり、壁を叩いたり、そう、この時ドアを叩くつもりが、ドアがちゃんと閉まっていなくて、突然パカッと開いてしまった。サブさんは、「ありゃ？」とばかりドアの向こうに飛び込んでしまった。でも、それでも叩き続け、何〜にもなかった顔をして出て来たのでありました。お客さんは、大笑いをするワケにもいかず、必死で笑いをこらえていた。

　最後は二人とも音を出しながら会場の外に出て行ってオシマイ。お客さんは、出て行ったから終わりなんだろうが、ひょっとしたら帰ってくるかもと、拍手をしたりしなかったりだったが、サブさんが帰ってきて「終わりだよ。」と言ったので、ワーッと拍手がおこった。いや一楽しいライヴだった。が、サブさんは「高橋さん、きょうは堅かったなあ。いつもなら歌を歌ったり、三味線弾いたりするんだよ。」と言うではないか。逆に捉えれば、高橋さんのピアノがあれだけ聴けたのだから大満足！文句なんかありゃしません。文句じゃないけれど、ここに小杉さんもいてトリオだったらもっと凄いことになっていただろうなあ。と、妄想が膨らんだ。とにかく、私のそしてカミさんにとっても夢のひとつが叶ったのだった。

　当時「ちゃぷちゃぷ通信　小銭 dePON！」と言う手書きのフリーペーパーを作っていた。その中に高橋さんが演奏されてるバッハのゴルトベルク変奏曲の CD が手に入らず探してると書いたら、後日高橋さん自身から CD が送られて来て、それ以来これはカミさんの「家宝」となっている。

The Conscience 発売記念ツアー

ユニバーサルミュージックの「埋蔵音源発掘シリーズ」でリリースされるはずが、シリーズが5枚で打ち切られたため出されなくなった音源の一つに、1999年10月11日常滑市でのサブさんとPaul Rutherford/ポール・ラザフォードのデュオ・ライヴがあった。(久田定さんが主催された)この録音を、2017年春にNo Business RecordsがCDとLP両方でリリースしてくれたのだった。

同時に、1996年1月2日旧カフェ・アモレス(早い話が我が家です。もう引っ越していますが)での沖至さん、井野信義さん&崔善培さんの録音「紙ふうせん」もリリースされています。
このリリース記念西日本ツアーと称して、サブさんを山口、広島、大阪、香川と廻っていただいた。山口県は5月11日は萩、12日は津和野(島根県)、13日は防府となりました。防府の会場は、このところライヴに使わせてもらっているカフェ・オーパス。

久田定、SABU&ポールラザフォード

　オーパスでは、豊住芳三郎さんと川口賢哉さんのライヴを行いました。サブさんのドラムと二胡と、川口さんの地無し尺八（庄子勝治さんに借りた木製の尺八も）によるデュオ・ライヴでした。
20数年ぶりに再会したサブさんは、外見は勿論20年の時が感じられますが（それは、お互い様）、演奏のキレは抜群で、世界中見渡しても似ているドラマーがいない演奏スタイルは、益々磨きがかかっていました。多彩なリズムと言うよりも、「打打」の種類が千個もあるような「同じことは繰り返さないゾ！」は健在どころかもっと進化していました。対する川口さんも尺八を持ち替えながら、丁々発止とサブさんとの音のやり取りを正味70分あまりを続けていました。

　打ち上げでは夜遅くまで、色んな裏話が聞けて盛り上がってしまった。実は、防府には3日間サブさんは滞在していました。川口さん含めオーパスでコーヒーを飲んだりしながら長々と昔話に花が咲きました。本当は本書に載せる為、インタビューのつもりが、話が脱線に継ぐ脱線。脱線しっぱなしの為、インタビューは中止。その代り、サブさん自身による回想録＆語録をお読み下さい。

川口賢哉&Sabu

Sabu&岡田昭夫

富松慎吾、庄子勝治&豊住芳三郎

豊住芳三郎、庄子勝治&富松慎吾

最後に‥ソウル・ツアー編

　私は、二度韓国へ行っている。一度目は、CD「姜泰煥」制作の許可をいただきに姜さんに会いに行ったのだった。交渉は3分で終わり、あとは姜さん、金さん、崔さん達と2日間遊んでいたようなものだ。何という贅沢！　ところがもっと贅沢な事が二度目のソウルの旅で起こったのだった。

　二度目のソウルの旅は、私が結婚して間もない頃だった。今度はカミさん同行だ。いや、カミさんどころじゃない。吉沢元治さん、高木元輝さん、サブさん、そして怪獣めぐら（現在、めぐら画伯）の合計六人。なぜこんなことになったのかというと、崔さんが、吉沢さん、高木さん、サブさんとのカルテットの演奏を韓国でやろうと思ったから。私とカミさんは、ソウルに直行したけれど、ミュージシャンと怪獣めぐらは、先に光州のキムチ祭りで演奏することになった。キムチ祭りのようなイベント会場で、フリーな演奏をさせてくれたものだと、今でも不思議。その後みんなと合流して、ソウル市内に有る、移転新装となった豪華なジャズクラブ「ヤヌス」でライヴをやったのです。ここのママさんは、韓国NO．1のジャズシンガー。古い店の時、一度崔さんとオジャマさせていただいたことがあるけれど、久

しぶりにもかかわらず、私のことを覚えていて下さり嬉しかった。このお店、とてもフリーのライヴをやらせてもらえそうな雰囲気じゃないのだけれど、これも崔さんの顔なのかなあ？　さて、この日の演奏だ。崔さんは、彼の尊敬する吉沢さん、高木さん、サブさんに囲まれての演奏は、少々緊張ぎみ。高木さんは、「ここはいいお店だなー。」と、いたって気分が良さそう。演奏も気合が入ってた。それは、吉沢さん、サブさんも同じく。客席には、金大煥さん、姜泰煥さん、朴在千さんも陣取っているくらいだか

ら、そりゃ気合入も入る。だが、お客さんは違った。終始ベチャクチャしゃべってるし、どうもまともに聴きにきているとは思えない。崔さん達の演奏後、韓国のジャズ・バンド（これは、いたって普通のジャズ）が出演していたけれど、このときもしゃべくっていた。ジャズクラブの雰囲気を楽しみたいだけなのだろうか。まあ、いいけどね。このバンドのピアノの女性は、金さんのお弟子さん。前日一緒に食事したのだった。この日は、演奏も楽しかったけれど、客席（私、カミさん、怪獣めぐら、金さん、姜さん、崔さん、朴さん、吉沢さん、高木さん、サブさんは、VIP席！）は、さらに楽しかった！（といっても、演奏中は、みんなまじめに聴いていましたよ。）ただでさえ怒りっぽい吉沢さんは、高木さんが、吉沢さんのマッコリを全部飲んだといって、怒っているし、サブさんは、ペットボトルで高木さんのを殴っていた。これ以上はやめとこう。

今後もサブさんとは、色々なプロジェクトを共に行っていく所存です。

Sabu 裸婦画#3

豊住芳三郎 ディスクガイド

選盤&レビュー

*末冨健夫　　*豊住芳三郎

* Jean-Michel Van Schouwburg　*小森俊明

*河合孝治　　*織田理史

ミッキー・カーチスとサムライ：（1967,68/日本クラウン他）

サブ回想記（P54）参照

高柳昌行＆ニュー・ディレクションズ：Independence（テイチク/1969,70）

Guitar, Composed By, Arranged By, Producer – 高柳昌行
Bass, Cello, Percussion, Reeds, Reeds [Folk Pipe] – 吉沢元治
Conductor [Time Conduct] – Toshio Sato
Drums, Percussion – 豊住芳三郎
Producer – Mitsuhiko Dairoku. Reissue Producer – Masaaki Onuki, Mika Fujita
Engineer – Mac Onuki
Mixed By – 伊豫部富治
Liner Notes – 悠雅彦
Artwork [Original] – 矢吹伸, Artwork [Reissue] – Akiko Tanaka

　1969年と言う年は、日本のジャズを語る上でターニングポイントとも言える年だ。「富樫雅彦：ウィ・ナウ・クリエイト」、「佐藤允彦：パラジウム」、「山下洋輔：コンサート・イン・ニュージャズ」そして、この高柳昌行の「インディペンデンス」が録音された年なのだ。60年代を通して彼らはアメリカからの借り物のジャズからいかに自分達のジャズを創造するかを試行錯誤して来た。その最初の成果が一気に噴き出したのが69年だった。その中心人物の一人が高柳昌行で、共に戦線を戦ったのが吉沢元治、豊住芳三郎だった。録音は、テイチク会館内のスタジオ。
　1分弱のインターバル的な短い演奏を含む6曲が収録されている。後の「漸次投射」と「集団投射」と呼ばれる演奏スタイルのようには、まだはっきりとは分かれていない。だが、一気に最前線に踊り出た斬新さに満ち満ちた演奏なのは間違いのない事実だ。吉沢は、ベースの他チェロや笛、パーカッションも使う。特にチェロがいい。
　時に、高柳のガット・ギターと音がかぶってしまうきらいはあるが、一音一音の粒立ちと音の攻撃性は、高柳のギターに真っ向勝負を挑む。豊住のドラムは、ここに彼の原点を聞く事が出来るのではないだろうか。彼の演奏の特徴は、ドラムを使った演奏にも関わらず、パターンを繰り返す事が無い。それは、すでにここで聴けるのだった。そして、高柳だ！　フィードバックを多用したり、弓弾きしたり、バターナイフを使った演奏は、従来のジャズ・ギターからは遠く離れた地点にすでに立っている。この演奏の破壊力、瞬発力、音のスピードは、同時代にもそうそう見当たるものではなかった。この3人は、オリジナリティーの獲得どころか、他に例を見ない世界を早々と構築してみせたのだった。CDでは、「ギター・ワークショップ」に収録されていた70年録音の「集団投射」も収録。（末冨）

高柳昌行:New Direction' 70 live independence (P.S.F/1970)

Guitar [G] - 高柳昌行
Bass [B] - 吉沢元治
Drums [Ds] - 豊住芳三郎
Mastered By - 五十嵐輝明,根本加寿子
Producer - 生悦住英夫
Recorded By, Directed By - 石谷仁
Liner Notes - 清水俊彦
Artwork - 加藤理恵, Photography By [Front Cover] - 五海裕治

　J・Iコレクション第3回は、第1回の「Call in question」と同じく、ステーション'70で、1970年3月11日、12日に録音された音源から編集されてリリースされた。こちらには、高木元輝は加わっていない。高柳、吉沢、豊住による演奏だ。1曲目は、テイチクの「Independence」でも演奏されていた「Herdman's pipe of Spain」が演奏されている。吉沢のフォーク・パイプがシンプルな音色を奏でる横で高柳のガット・ギターと豊住のドラムが寄り添うように音を奏でる。もちろんそこは牧歌的とは行かないのが彼らのユニークなところだ。吉沢は、チェロも演奏するが、ピチカートでは高柳のガット・ギターの音と重なり合ってしまう場面があるのが惜しい。もっとアルコでの演奏が聴きたいところだ。豊住の適材適所に打音を置いて行く様は今でも変わらない彼独自のセンスだ。
　2曲目は、高柳はエレクトリック・ギターに持ち替えて、演奏は一気に Mass Projection/漸次投射へ突入する。ギターのハウリング、ディストーションの使い方は、ロックのそれを参照に始まった事なのだろうが、高柳の場合はそれを効果に使うのではなく、それ自体が主役の表現として現れるのだ。ギターを使ったエレクトロ・アコースティック・ミュージックとも言えるだろう。それも質量ともに最大級の。現代のノイズに直結している。が、高柳の発するノイズは、出たとこ勝負のノイズ、いったん発せられるとどこに行くか分からないようなノイズではない。理論的背景も含めたコントロールされたノイズだ。豊住の刺激的なドラムがそこに激しく絡んで演奏の速度をフルスロットルで加速させる。残念なのは、こうした時、吉沢のベースとチェロの音が高柳が作る音の分厚い壁に遮られて聞き取れないことだ。それもあって、吉沢は高柳から離れて行くことになった。当時、ベースにはアタッチメントを付けておらず、アンプを通して増幅をしてはいなかったそうだ。(末冨)

Kiyoshi Sugimoto, Ryo Kawasaki, Yoshiaki Masuo, Takayanagi - Guitar Workshop (1970)

Guitar - Kiyoshi Sugimoto ,Masayuki Takayanagi,
Ryo kawasaki,Yoshiaki Masuo
Bass - Yoshio Ikeda, Yoshio Suzuki, Kimio Koizumi
Bass, Pipe, Percussion, Voice - Motoharu Yoshizawa
Composed By - Hiromasa Suzuki, Kawasaki ,Masayuki Takayanagi,
Yoshiaki Masuo, Masabumi Kikuchi, Kozaburo Yamaki
Drums, Percussion - Yoshizaburo Toyozumi
Drums - Kazuyoshi Okayama, Hiroshi Murakami ,Fumio Watanabe

内容は高柳昌行＆ニュー・ディレクションズ:Independence(テイチク/1969,70)参照

高柳昌行：New Direction'70 call in question (P.S.F/1970)

Guitar-高柳昌行
Saxophone-高木元輝
Bass-吉沢元治
Drums - 豊住芳三郎
Producer - 生悦住英夫, 斉藤安則
Record, Director - 石谷仁
Master- 五十嵐輝明　Liner Notes - 北里義之
Photography By - 市川幸雄
Photography By [Front Cover] - 五海裕治

　高柳昌行の生前の、1970年頃のアルバムは、オムニバス・アルバムを除けば、69年の「Independence」と、阿部薫との伝説的デュオ・コンサート「解体的交感」と、「A Jazz ProFile Of JoJo」くらいだった。「解体的交感」は、存在こそ知ってはいたが、私にとってはとっくに幻の名盤と化していて、聴こうにも聴けなかった。「A Jazz Profile Of JoJo」は、ジャズを演奏したもので、ここでは横に置いて置く。実質69年の「Independence」1枚が、かろうじて耳に出来るアルバムだった。
　1994年そこに突如現れたのが本作「call in question」だった。
カヴァーには五海裕治氏撮影の印象的な写真を配したJ・Iコレクション第1回のリリースだ。当時の現場を知らぬ我々地方のリスナーにとっては、そして世代のもっと若い者にとっては大変有り難いシリーズだった。当時演奏する場に事欠いていた高柳が出演出来た数少ないスペースの「ステーション'70」におけるニュー・ディレクション（高柳昌行、吉沢元治、豊住芳三郎）の演奏を収録。ゲストで高木元輝も入る。
　1曲目、一気にマスプロジェクション（集団投射）から始まる。ここから一気に日本のフリー・ジャズ、そして現在のノイズも含めた音楽が始まったと言ってしまいそうになる。実際は富樫雅彦、佐藤允彦、山下洋輔と、第一世代が同時に試行錯誤しながら日本独自のフリー・ジャズを形成して行ったのだが、高柳の場合は、今日のノイズ・ミュージックまでも射程に入ったスケールの大きさを見ることが出来る。まさにビッグ・バンが、ここから始まったようなスピード、パワー、質量を伴ったすさまじい演奏だ。「これが70年の演奏？」と、もう一度ジャケットのデータを見てしまう人がいるかも。
　2、3曲目は、一転して音は空間的な処理を施される。音と音との間隔が広く開けられる演奏に変わる。高木の空間を切り裂くサックスの音が強烈だ。高柳のフィードバックを多用した演奏にも注目。（末冨）

2 TO 10 / Saxophone Adventure（Philips / 1970）

Soprano Saxophone – Hisahide Kato
Tenor Saxophone – Takeru Muraoka
Bass Clarinet – Mototeru Takagi
Piano – Masahiko Sato
Electric Piano – Masahiro Suzuki
Drums – George Otsuka
Drums, Gong – Yoshisaburo Toyozumi
Bass – Kunimitsu Inaba, Yasuo Arakawa
Conductor – Masabumi Kikuchi
Producer – Masaharu Honjo
Engineer – Norio Yoshizawa
Photography – T. Arihira

　1970年4月15日　東京のヤマハホールで、当時のスイング・ジャーナルが主催した「ジャズ・ワークショップ　4」が開催された。そこで高木元輝と豊住芳三郎のデュオ、菊地雅章・作曲のラージ・アンサンブルの曲も演奏され、この2曲を収録したアルバムがこれだ。「サキソフォン・アドヴェンチャー」のタイトルが付いているが、豊住とのデュオも菊地の作品にも参加している高木は共にサックスではなくてバス・クラリネットを吹いているのが面白い。さて、このデュオ演奏だが、私は高木さん、豊住さん両人に彼らの長い演奏経験の中でも特にお気に入りの演奏だった事を、何度も聞いている。強く再発を望まれているのだが、未だにその気配は無い。高木さんは、この演奏について「あの時は演奏も心もフリーになれた。あれこそフリーだよ。」と何度も言われた。サックス奏者、マツ・グスタフソンは、このデュオはこれまでの数あるデュオの録音の中でも屈指の演奏だと言い、自身のホームページの表紙にこの LP のジャケットを使ったり、ステッカーまでも作っているのだ。片面を占める菊地作曲の演奏にも高木、豊住両人も参加している。菊地自身は指揮に専念し、ピアノは佐藤允彦。この佐藤さんの演奏も凄いのだ。乞う再発！（末冨）

　70年4月15日、銀座「ヤマハホール」での LIVE 盤。我々の DUO 結成間も無くの事。現在、若手サックス NO,1 とされる現スウェーデン在住のマッツ・グスタフソンは、史上最高峰のサックス・ドラム DUO 演奏と絶賛されております。彼は阿部薫と私の「OVERHANG-PARTY」と共にこのアルバム・LP を手に入れたと大喜びで知らせてくれた。そして此のジャケットデザインと同じ"ステッカー"を製作し、自分の HP の表紙にも此のカヴァーデザインを使用しております。「ジャズからの出発」（音楽の友社）で（129頁）、日野皓正氏がこの日の LIVE の感想を話しておられます。
　B 面菊地雅章コンポジションは Sax 陣のみに短い記譜があるが、ジョン・ゾーン『コブラ』、ブッチモリス『コンダクション』にずっと先駆けて"バンドコンダクション"のみでの多人数、インプロは画期的な試みであった。ジャケット内写真、私のベレー帽は JoJo さん（高柳昌行）から借用中の物。高木元輝氏も此のアルバム再発を熱望されていたが・・・、2017.10 月、海外で 2200ドルでの取引がありました。（豊住）

特集：豊住芳三郎

Sensational Jazz '70(日本コロムビア/1970)

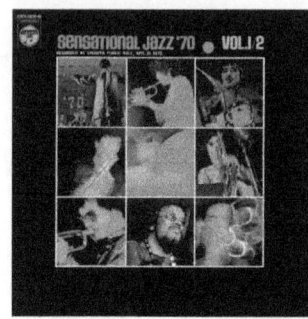

宮間利之とニューハード+日野皓正
沖至トリオ
日野皓正クインテット+ジョージ大塚
高木元輝トリオ：高木元輝(ts) 佐藤允彦(p) 豊住芳三郎(ds)
石川晶とカウント・バッファローズ
鈴木弘セクステット
稲垣次郎とソウル・メディア
猪俣猛とサウンド・リミテッド

　1970年4月30日　渋谷公会堂に当時日本のジャズ・シーンの先頭集団と言っていいグループが集結し、コンサートが開かれた。ハード・バップあり、ジャズ・ロック（まだフュージョンの時代ではない）、フリー・ジャズありのヴァラエティーに富んだラインナップだ。現在同じようにジャズフェスは行われているが、まず100％　アヴァンギャルドは締め出しを喰らう。「」付きの JAZZ ではすでに「前衛」は存在しないに等しいのも確かなのだが・・。
　さて、日本のビッグ・バンドの中で最も先鋭的な活動を行っていたニュー・ハードは、ここでもビッグ・バンドらしからぬトンガった演奏を繰り広げている。ソロイストは日野皓正。沖至は翠川敬基と田中穂積とのトリオ演奏。空間の感触が感じられる。このトリオの演奏は、ジャズ評論家副島輝人の自主制作で彼のレーベル Jazz Creators から「殺人教室」としてリリースされた。トリオ・レコードから名作「しらさぎ」がリリースされるのは、74年まで待たなければならない。
　このアルバムもうひとつの目玉は、高木元輝と豊住芳三郎はデュオチームに、佐藤允彦が加わったトリオ演奏だ。富樫雅彦作曲の「フォーユニット」を演奏している。これはその高木ヴァージョンだ。オリジナルは宮沢昭のアルバムで演奏されている。3人がしょっぱなからフルスロットルで一気に駆け上る。この三曲だけでも、このアルバムは「買い」だ。(と、考える人はきょうび少ないだろうなあ)録音の少ない鈴木弘が聴けるのも有難い。佐藤允彦は「石川晶とカウント・バッファローズ」でジャズ・ロックも同時に演奏するという幅の広さ。（末冨）

佐藤允彦&サウンド・ブレイカーズ: Amalgamation/恍惚の昭和元禄 (Liberty1971)

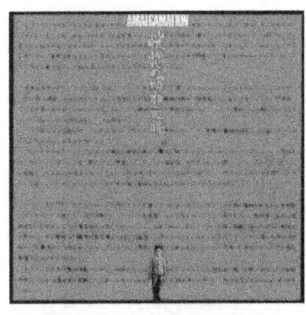

Compose , Conductor, Arrang, Organ [Hammond], Percussion [Latin] – 佐藤允彦
Tenor Saxophone, Soprano Saxophone, Bass Clarinet, Woodwind – 高木元輝
Trumpet – Jackie Heimann, Peter Davis , Trombone – D.D. Dickson
Bass Trombone – Jochen Staudt
Acoustic Guitar – 沢田しゅん吾, Electric Guitar – 水谷公生
Conductor [Strings] – Daniel Lehmann, Organ [Hammond] – 柳田ヒロ
Drums, Percussion – 豊住芳三,Drums – Louis Haynes,
Electric Bass – 寺川正,Strings – Wehnne Strings Consort
Voice – 大隈重信, Adolf Hitler , 桜井英顕 Scat – 伊集加代子
Producer – Cried Taylor, Engineer – Rudy Van Gedler
Liner Notes – 湯浅学, 松本昌幸

　佐藤允彦、1971年の幻の怪作がよもや CD 化されようとは思わなかった。元々は雑誌の企画物として作られたらしい。当時の佐藤允彦はジャズのみならず邦楽、ロック、現代音楽、歌謡曲、映画や TV の音楽等々と八面六臂の大活躍だった。実験精神も旺盛だった頃だ。
　当時日本に3台しか入って来なかったモーグ・シンセサイザーの1台は、佐藤の元へ行った。フェンダーローズに特注のリングモジュレーターを付けて、金属的なノイズ楽器に変身させてしまったり‥などと書くと今の彼には実験精神はもう無いのかと思われようが、さにあらず。現在もあいかわらずの貪欲さで、ピアノとシタールのデュオ・アルバムを作ったり、落語の出囃子をジャズにしてしまったCD をリリースしているくらいだ。
　このアルバムは、佐藤のロックビートに乗ったハモンド・オルガンの演奏を軸に、和太鼓、スキャット、高木元輝&豊住芳三郎のフリージャズ、ジャズのアンサンブル、現代的なストリングス・アンサンブルがコラージュ的に重ね合わされる。そのまた上に、ヒットラーや大隈重信の声が重ねられると言った具合だ。ごちゃまぜの混沌とした音空間が現れる。
　これが71年に作られたのだ。71年だからこそ作られたとも言える。万博も終わった71年、正に昭和の絶頂期。だが、ここではそのハレな部分と言うよりも、闇の部分を表したと言った方が似合っているどこか不穏な空気を醸し出しているのだ。LP で言う side 2 は、どこかの祭囃子が鳴り始めたと思ったら、それに被せて高木元輝の演奏が強烈に切り込んで来る。それからは、高木&豊住の強烈なデュオ演奏と交互に、または重なって全く違う音楽や音が響き渡る。実は、この高木の相手は当初は富樫雅彦だった。が、収録の一か月前の事件で演奏が不可能になった為、急遽豊住がピンチヒッターとして登場となったのだが、ホームランを打ってしまった！（末冨）

ツトム・ヤマシタ〜佐藤允彦：Metempsychosis/ものみな壇ノ浦へ（日本コロムビア/1971年）

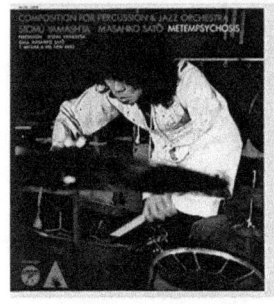

ツトムヤマシタ：(perc)、佐藤允彦（作・編曲）
宮間利之(cond)
羽鳥幸次、村田文治、藤崎邦夫、佐野健一(tp)
片岡輝彦、上高政通、戸倉誠一、青木武(tb)、
中山進治、高見弘：as、市原宏祐、前田章二(ts)
砂原俊三：(bs)、山木幸三郎(g)、今城嘉信(p)、山本五郎(b)
豊住芳三郎(ds)

　ツトム・ヤマシタは、1947年京都生まれの打楽器奏者。今でこそクラシック、現代音楽の打楽器奏者のスタープレイヤーは世界中にたくさんいるし、打楽器アンサンブルもたくさん有るが、一般的には一昔前は打楽器と言えばこのツトム・ヤマシタが唯一無二の存在だった。マスコミが作ったとも言えるのだが、打楽器奏者と言えばまず彼の名前が挙がっていたのは間違いない。彼の場合はクラシックだけではなくて、バークリー音楽院でジャズも学んでいるのだった。そのヤマシタをソリストにしてジャズのビッグ・バンド、宮間利之とニュー・ハードの為に作曲したのが、当時ジャンルを超越した飛ぶ鳥を落とす勢いで活躍していたピアニストで、作・編曲家、佐藤允彦。
　作られた曲は「ものみな壇ノ浦へ」という40分近い曲だ。いわゆるドラマーではなく打楽器奏者とビッグ・バンドの協奏曲のような感じだ。ビッグ・バンドにヤマシタの叩くスティール・ドラムのソロが絡むところや、管楽器のクラスターと怒涛の打楽器ソロが重なる所など、それまでのジャズのビッグ・バンドでは聞かれなかったものだ。「ものみな壇ノ浦へ」と表題されているが、平家物語をことさら音で綴った作品として聴く必要はあまりないように思える。
この当時ビッグ・バンドのクリエイティヴなアルバムが多数リリースされていた。
　佐藤允彦は、この他に「パースペクティヴ」、「天秤座の詩」、「4つのジャズ・コンポジション」、「邪馬台賦」、「那由多現成」等を書いている。70年代、ツトム・ヤマシタは、現代曲のコンサート、レコーディングは当然として、ロック・グループ「GO」も結成して活躍した。スティーヴ・ウィンウッド、マイケル・シュリーヴ、クラウス・シュルツェ、ポール・バックマスター等々豪華メンバーが揃っていた。尚、ジャケットにクレジットされていないが、豊住芳三郎も参加し演奏している。（末冨）

チャーリー・ミンガス：ミンガス・ウィズ・オーケストラ

Bs,Comp-チャールズ・ミンガス
Ts,Cl-ボビー・ジョーンズ
Tp-エディ・プレストン
As-鈴木重男
P-佐藤允彦
Ds-豊住芳三郎
宮間利之とニューハード

サブ回想記（P58参照）

豊住芳三郎&高木元輝：If Ocean Is Broken／もし海が壊れたら
（Qbico/1971）

Drums, Percussion －豊住芳三郎
Tenor Saxophone, Soprano Saxophone, Bass Clarinet
－高木元輝

　これは、1971年4月安田生命ホールで行われた豊住芳三郎と高木元輝のデュオ・コンサートの記録だ。まずは、豊住と高木の出会いから。69年4月4日、豊住を乗せたウラジオストックから出航した船が横浜港に帰港。一週間もしない内に、吉沢元治から呼び出された豊住は、新宿のジャズ喫茶ポニーの2階に赴いた。そこで吉沢から高木元輝を紹介された。高木の印象は、「寡黙な人」。吉沢が豊住に「何をやっても構わないから。」と言った。
　その頃の豊住は、「サムライ」で、ロックばかりやっていたからフリー・ジャズへの欲求が溜まっていた。吉沢トリオへの参加の依頼は一発 OK！だった。そこで吉沢元治トリオが結成となった。4月中には第1回目のライヴが、新宿のジャズ喫茶・汀で行われた。そして、吉沢トリオの三人が全員揃って、高柳昌行のニュー・ディレクションに参加。
　それと同時に高木は、富樫雅彦のグループにも参加していた。70年に、吉沢トリオは解散。豊住と高木は、ニュー・ディレクションもやめて、ここで豊住芳三郎と高木元輝のデュオが結成された。71年4月安田生命ホールでのコンサートが行われ、その録音をイタリアのレーベル Qbico が LP2枚組でリリースした。それが、この「If Ocean Is Broken」だ。高木は、テナー＆ソプラノ・サックス、バス・クラリネットを吹く。いや、吹くという表現ではとてもここでの高木の演奏を伝えたことにはならない。低い音から高周波を発する超高音まで、猛烈な勢いで音が上下し、客席に向かって放射される。サックスもバスクラも楽器の限界に挑戦させられているようで、時に悲鳴を上げているようだ。だが、すっと突然歌が入り込んで来るのも高木の特徴。片や豊住は、ドラムを壊れんばかりに叩きまくったと思ったら、すっと音が消え、鈴の音が鳴る。29日豊住のシカゴ行きの為、デュオは解散。そして高木も渡欧する。（末冨）

ニュー・ハード＋富樫雅彦：牡羊座の詩/Canto Of Aries
（日本コロムビア/1971）

富樫雅彦（Comp、ds）、宮間利之（Leader）
高見弘（As、Fl）、中山進治（As、Fl）、市原弘祐（Ts、Fl）、前田章二（Ts、Fl）、砂原俊三（Bs、Bcl）、
山木幸三郎（G）、今城嘉信（P）、片岡輝彦（Tb）、上高政通（Tb）、戸倉誠一（Tb）、青木武（Btb）、羽鳥幸次（Tp）、村田文治（Tp）、佐野健一（Tp）、藤崎邦夫（Tp）、山本五郎（B）、
豊住芳三郎（Ds）
佐藤允彦（P）
児山紀芳（ライナーノーツ）

　宮間利行とニュー・ハードは、日本屈指のビッグ・バンドだが、そこに安住することなく、時代の先端を行くミュージシャンを起用しては、斬新なオーケストラ・ジャズを創造していた。
　69年には「パースペクティヴ」、70年には「天秤座の詩」、そして71年がこの「牡羊座の詩」だ。そのどれにも当時ピアニストだけではなく作編曲家として若いながらもシーンの最先端にいた佐藤允彦が関わっている。「天秤座の詩」は、佐藤允彦の作品だ。71年、富樫雅彦はある事件によって下半身不随の体となり病室で過ごしていた。そこでペダル類を使わないで演奏する方法を考えていた。そして、この「牡羊座の詩」を委嘱されベッドの上で作曲を行った。相当な部分、佐藤允彦の協力があったようだ。富樫のイメージする音を実際に譜面に起こせる者は佐藤しかいない。
　本作は、五つに分かれた楽章からなる組曲になっている。通常のビッグ・バンド・サウンドを想像すると、相当戸惑う事になるだろう。最後の「Vの詩」こそ形のあるリズムが現れるが、それ以外は集団即興と言ってよい。ビッグ・バンド全員だけではなくある集団だけ、その集団で突出して目立つ者がいたり、その逆だったりと、局面が変わって行く。ソロと言えそうなのは、市原宏祐のテナー・サックスとフルートと佐藤允彦のピアノくらいだ。この二人のソロは強力だ普段ビッグ・バンド・ジャズを演奏している者達が、富樫の求めるサウンドを理解し、相当にフリーキーで複雑なサウンドを構築している。彼らの実力や適応能力の程が窺える。助っ人として、豊住芳三郎もドラムで参加している。（末冨）

Anthony Braxton Creative Music Orchestra : RBN――3 K 12 (RING/1972)

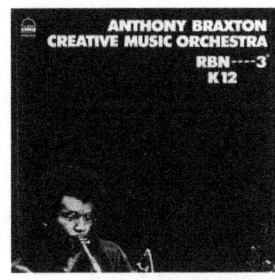

Reeds, Clarinet, Flute, Conductor, Composed By – Anthony Braxton
Alto Saxophone – Jean Bauchard
Soprano Saxophone, Tenor Saxophone – Hugh Levick
Tenor Saxophone – Bob Taylor
Trumpet – Ambrose Jackson, Cesare Massarenti, James Maceda, Ray Stephen Oche
Tuba – Gilbert Aloir
Piano – Joachim Kühn
Percussion – Oliver Johnson, Sabu Toyozumi
Producer – Burkhard Hennen, Technician – Kunle Mwanga
Design [Cover] – Hansgerd Honnen, Ludger Hruschka
Photography By – Roberto Masotti

アンソニー・ブラクストンの1972年5月11日、南フランス、Chatelleraultにおけるオーケストラのライブ録音。Moers Musicの前身のRingから箱入りのLP3枚組でリリースされた。ブラクストン他、全14名からなるオーケストラで、おそらくほぼフランスで集められたミュージシャン達だろう。
Joachim Kuhn(p),Francois Mechali(b),Oliver Johnson(perc),Ambrose Jackson(tp),BobTaylor(ts),Hugh Levic(ts,ss),Jean Beauchard(as),James Maceda (tp),Cesare Massarenti(tp),Ray Stephen Oche(tp),Gilbert Aloir(tuba),Pancho Blumenzwetg(b)に加えて豊住芳三郎(perc)が参加している。彼はシカゴから2月にパリに到着。4月にブラクストンに誘われた。パリで2日間のリハがあり、南仏へ。

全8パートに別れた譜面はシンプルで、ホーン・セクションは、何も書かれていなかったようだ。面白いのは、バルーン・パートがあって、そこには風船の絵が書かれてあり、風船で音を出して遊べと言う指示だった。こういうことはレコードを聴いてるだけでは分からない。聴きながら想像するしかなさそうだ。じっと聴いてると、どこでそれが"演奏"されているか分かるかも。途中バップのパートがあり、そこのドラムは、バップも得意にしているオリヴァー・ジョンソンが受け持った。

豊住は、加古隆と組んで演奏していたが、豊住の後に加古のグループに参加したのがオリヴァー・ジョンソンだった。ブラクストンも参加したマリオン・ブラウンの「アフタヌーン・オブ・ジョージア・フォーン」を思わせるような、小さく短い音の断片が鳴り続ける部分がある。ドラマーふたりのデュオで迫力のある演奏が聴けたり、キューンの流石なピアノ演奏も聴けたり、ブラクストンのコントラバス・クラリネットが地響きを立てたりと、色んな局面が現れる。簡素な譜面から LP3枚分に、これだけ多彩な演奏を引き出せるのは、インプロヴァイザーならでは。サウンド・チェック中に、バスに乗せられ、古城に集められ、パーティーとなった。豊住は、「飲み物は？」と女性に聞かれ「ジュース。」と答えたら笑われた。それ以上のパーティーの様子はここでは書けません。（末冨）

Emergency : Homage To Peace (America 30/1973)

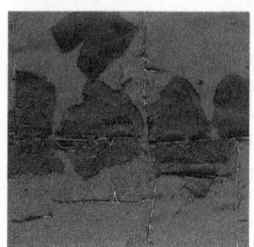

Saxophone - Glenn Spearman
Guitar - Boulou Ferret
Piano - Takashi Kako
Double Bass - Bob Reid
Drums - Sabu Toyozumi
Liner Notes - Maurice Cullaz
Photography By - F. Gaillard

　Emergency は、パリでアメリカ人２人、Glenn Spearman(ss,ts),Bob Reid(b)、フランス人１人、Boulou Ferret(g)、日本人２人、加古隆(p)、豊住芳三郎(ds)で結成されたグループ。グレン・スペアマンは、60年代後半アメリカ西海岸で活躍していたが、パリへ移住し、同じくパリでサニー・マレイ、アーチー・シェップ、ノア・ハワード、フランソワ・テュスクらと活動していた同じアメリカ人のベーシスト、ボブ・リードとグループを結成し、父親はジャンゴ・ラインハルトとステファン・グラッペリのフランス・ホット・クラブの主要メンバーだった Pierre Matelot Ferre の息子、ブール・フェレのギター（ここではエレクトリック・ギターを弾いている。この時21歳だった。）を加えた。
　彼は、パリ生まれのジプシー・ギターリストだが、メシアンに作曲を学んでいる。同じくメシアンについて作曲を学んでいた加古隆と、その頃シカゴからパリに移り住んでいた豊住芳三郎を加えて結成されたのだった。当時加古と豊住は、Kako e Sabu は相当注目されていたそうだ。パリらしい国際性にとんだ編成のグループだ。AECの People In Sorrow（豊住のアレンジ）や加古隆の Kako Tune 等全４曲。スペアマンのサックスは、後期コルトレーンを思わせるが、本人も言っている通りフランク・ライトの影響が大きい。かなりアグレッシヴで、粘っこい演奏だ。
　グループの演奏自体も、アリス・コルトレーンとファラオ・サンダースとラシード・アリが演奏していた後期コルトレーン・グループが見せた音塊が渦巻いているような雰囲気がある。これは加古隆のピアノによるところが大きい。豊住の自在なフリー・ドラミングが背後から全体を鼓舞し、揺さぶる。フェレは、ジプシー・ギターリストのイメージは横に置いて、エレクトリック・ギターをハードにドライヴ感いっぱいに弾きまくっている。現在の加古隆ファンが聴いたら目を剥きそうな演奏だが、これも彼の今では隠された姿なのだ。そして、豊住のパリ時代の貴重な記録だ。（末冨）

豊住芳三郎 Sabu Message To Chicago (Trio/1974)

レビュー for Sabu by 副島輝人
P97参照

豊住芳三郎/藻 (Trio/1975)

レビュー for Sabu by 副島輝人
P100 参照

富樫雅彦:Spiritual Nature (EAST WIND/1975)

Flute, Flute [Bass Flute] – Masami Nakagawa
Flute, Snare, Alto Saxophone – Sadao Watanabe
Flute, Sopranino Saxophone – Shigeo Suzuki
Bass – Yoshio Ikeda, Cello, Bass – Keiki Midorikawa
Piano, Marimba, Glockenspiel – Masahiko Satoh
Percussion – Noboru Tanaka, Yoshisaburoh Toyozumi*, Shohji Nakayama
Percussion, Composed By, Arranged By, Directed By, Celesta – Masahiko Togashi
Engineer – Yoshihiro Suzuki
Executive-Producer – Kiyoshi Itoh, Yasohachi Itoh, Yukio Morisaki
Producer – Toshinari Koinuma, Art Direction – Johsuke Kubo
Photography By – Akira Aimi, Koichi Inakoshi
Design – Mitsuo Hosokawa, Liner Notes – Toshihiko Shimizu

1975年4月9日、新宿厚生年金会館小ホールで「富樫雅彦の世界」と題されたコンサートの模様を収録したアルバム。総勢10名からなるアンサンブル。渡辺貞夫(fl.as,sopranino)、鈴木重男(fl.ss)、中川昌三(fl)、佐藤允彦(p,marimba,glockenspiel)、翠川敬基(b,cello)、池田芳夫(b)、富樫雅彦(perc,celesta)の他、豊住芳三郎、田中昇、中山正治の計4人の打楽器奏者がいるのも特徴。蝶の採集が好きだった富樫の思い描く田園風景の一日を、音で表現した作品と言えるだろう。

5曲収録されているが、5曲目の「エピローグ」は、後日スタジオ録音されてアルバム化に時点で付け加えられた。コンサートでは、「かすみ」と「暗闇の湖」という2曲が演奏されているが、当時のLPの収録時間の問題で未収録に終わったのか、アルバム化に際して不要と考えられたのか。全て聴いてみたい欲求に駆られる。「ビギニング」は、いかにも一日の始まりを描写した雰囲気で、朝靄の中から音が立ち上がって来る。続く「ムービング」は活発になった日中の喧騒だろうか。短い印象的な音の繰り返しのベースの導入から始まる。特に佐藤のピアノは、曲想に沿った範囲でありながらも、時に激しくインプロヴァイズする。「畦道にて」は、これもベースの繰り返す音型の上に各種打楽器が絡んで行く。そのまた上で富樫のキレのあるソロが重なる。

このコンサートの中核になった「スピリチュアル・ネイチャー」は、22分を超える。ブラスを入れず木管だけ、そしてフルートを3本並べたことで全体の雰囲気を霞みがかったような柔らかな印象にしている。霞の中から突如、ベースの力強いオスティナートが現れる。一気に活気立って来る。各自のソロが並ぶが、特に翠川の狂気の混ざったチェロが強烈。池田の弾き続けるベースのオスティナートも同時に熱を帯びて来る。田園の一日もそう安穏とはしていないといったところか。これを聴く度にベートーヴェンの交響曲第6番「田園」が次に聴きたくなる。(末冨)

佐藤允彦/宮間利之とニュー・ハード:那由佗現成(日本コロムビア/1976年)

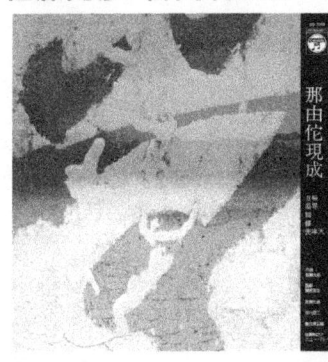

Alto Saxophone – 白井淳夫, 鈴木孝, Alto Saxophone,
Flute – 中川昌三
Baritone Saxophone – 多田賢
Tenor Saxophone – 森守, 貫田重夫
Trumpet – 武田和三, 山口耕二郎, 岸義和
Trombone – 上高政通, 塩村宰, 片岡輝彦, 福嶋照夫
Guitar – 山木幸三郎
Leader – 宮間利之
Compose, Arrange, Piano– 佐藤允彦
Piano– 鷹野潔, Bass – 福島靖, Drums – 四方田勇夫
Percussion – 豊住芳三郎

「那由佗現成」は、佐藤允彦が司馬遼太郎の小説「空海の風景」を読んだことによって、創作のヒントが閃き作曲された。演奏するのは当時保守的なビッグ・バンド界にあって常に斬新な作品を演奏していた宮間利之とニューハード。そこに佐藤自身と中川昌三、豊住芳三郎が加わった。

空海が伝えた密教をさらに遡り、縄文時代にまで時間を巻き戻し、自己の原点を探り出そうと、そしてそれを音楽で表現しようとしたとてつもなくスケールの大きな作品なのだ。

佐藤の音楽の基礎となっているジャズ(これもヨーロッパとカリブ海を経由したアフリカが衝突して出来たもの)に、日本を飛び越えて汎アジアの音楽の要素をそこに投入して、ひとつの「ジャズ・オーケストラ」作品に仕立て上げた。こうして見ると、正に地球を一周しているではないか。アルバム・タイトルの「那由佗現成」の「那由多」は、数の「千億」の単位。「現成」は「あるがまま」の意味。

曲名は全て仏教用語から取られている。「日輪」、「塵界」、「諦」、「修」、「兜卒天」。基本的には「ビッグ・バンド・ジャズ」なのだが、そこに声明やケチャまでの要素が忍び込んでいる。これは日本人、いや佐藤允彦にしか創造し得ない音楽だ。ジャズ界を越えて世界最高峰に位置する作品のひとつ。共演するフルートの中川昌三とパーカッションの豊住芳三郎の熱演にも注目すべし。LPに付属されているブックレットも読み応え有り。(末冨)

加古隆：Passage（Trio/1976）

Piano -加古隆
Percussion - 豊住芳三郎
Producer - Kazuo Harada, Kuniya Inaoka
Recorded By, Mixed By - Kunio Arai
Written-By - Kako
Photography By [Cover] - Seiichi Sugita
Photography By [Liner] - Kazuo Harada
Design [Cover Design] - Akira Yanagawa

　ライナーノートを信じるならば、加古も豊住もアート・ブレイキーの来日公演を聞いてジャズに開眼したようだ。そして共に芸大に入っている。豊住は芸大とは肌が合わず退学し青学に再度入学し、そして富樫雅彦に師事し、今日 Sabu Toyozumi の名で世界中に名を轟かすに至った。
　加古は、芸大入学後はジャズを絶ちクラシック、現代音楽を学び、パリのコンセルヴァトワールではメシアンに師事し現代音楽の道を邁進。そこには、ジャズ・マガジン誌に寄稿している音楽分析の専門家のモーリス・グルグがいて、彼の影響で加古はジャズに再度魅せられて行った。だが、時はすでにフリー・ジャズでも過去の音楽と見られていた時代だった。それを乗り越える音楽は何か？　そこで行きついたのは即興音楽だった。
　加古は、黒人達が長年そのエネルギーを注入・放出し作り上げて行った彼らの音楽のように、日本人にも同じようなエネルギー（その質は異なるだろう）が内包されており、新しい音楽を作り出せると考えた。ボブ・リードやノア・ハワードのグループに参加し、曲も提供しジャズの世界で活躍を始めた。同時期パリにいた高木元輝と結成したグループは、ヨーロッパを震撼させたのだった。豊住は71年のAACM参加に続き、72年渡仏し翌年加古と出会った。共に「エマージェンシー」と言うグループに参加し2枚のアルバムを残している。本作は、加古の一時帰国を狙って収録された加古と豊住のデュオ・アルバムだ。
　加古のピアノは、繊細かつダイナミックなサウンドで、一聴現代音楽と呼んでもよさそうな演奏だ。ジャズを出自に持つ者とは明らかに異なるクールな表現だ。そこに豊住は、いつもよりは控えめな、彼の繊細さが特に現れた演奏で答えている。ブロッツマンらとのパワープレイの時とは対極の演奏で、豊住の持つ幅の広さとダイナミズムの振幅の大きさがよく分かる演奏だ。特に、ブラッシュ・ワークが冴えている。（末冨）

THE FIFTH COLUMN 1976 – 2010 SOUND & IMAGE SOURCES (YOUTH-226：3CD + 1DVD BOX)　DISC4：1984年 1998年参加

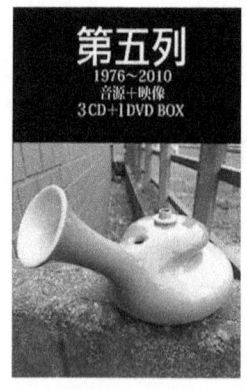

1984年
Ts- PETER BRÖTZMAN
As,E-g,per-ONNYK
Ds-豊住芳三郎

1998年
Tb-Pau Ratherford
Ds-豊住芳三郎
P-Sotto Voce. 佐藤陽子
E-g, Noize
Ts-ONNYK

富樫雅彦＆高橋悠治：Twilight（日本コロムビア/1976）

富樫雅彦(perc)、高橋悠治(p)、
豊住芳三郎 (perc) 、坂本龍一(p)、
高橋ゆうじ(synth on B)
Cover Design: Satoshi Saitoh, Yasushi Nakamura
Photograph: Tadayuki Naitoh
Mix, Remix: Masao Hayashi
Producer: Tsutomu Ueno, Yoshiharu Kawaguchi

　富樫雅彦と高橋悠治。日本が生んだ天才二人によって作られた大変ユニークな音楽が収録された、1976年録音の秀逸なアルバム。
前半は富樫作曲の二曲「半明/Dawn」、「禮魂/Li-Hun」。後半は高橋作曲の「黄昏/twilight」。「半明」（3パートに分かれている）は富樫＆高橋によるスケールを使ってつくられた　2つの短いモティーフを使っての即興。「禮魂」は二人に坂本龍一と豊住芳三郎が加わって「半明」のテーマ・Ⅰを使っての即興。「黄昏」は高橋ゆうじ（息子さんの方）も加わった、これぞ高橋悠治！というユニークな曲。ホー・チ・ミンの詩の現代の中国語の発声と言葉のリズムから導き出されたものから構成された曲。使われている楽器も、クビン（フィリピンの口琴）、トムトム、インドネシアの竹筒、木片、タイの小さなシンバル、シンセサイザー等々。高橋悠治と坂本龍一によるクビン（マウスハープによるオスティナートは詩の行に応じた発声と同じ。）から始まる。その後は決められたルールに従って、その枠の中でいかにインプロヴァイズするか、出来るかといった演奏が続く。
　全体的に、静的な演奏が続く。穏やかな湖面をじっと眺め、水面の揺らぎを観察しているかのような気分にさせられる。だが、ここにイージーな音の表現は皆無。全くのフリーでは到底表現しきれない音楽だ。かと言って、おたまじゃくしばかりでも表現しきれない音楽。と言うか、まず不可能だろう。作曲と即興のバランスがちょうどいい具合に取れていると言える。また洋の東西も南北もうまい具合に混ざり合った不思議な音の物語。このような音楽をどこかのジャンルに振り分けてしまうのも愚かなことだ。（末冨）

富樫雅彦とギルド・フォー・ヒューマン・ミュージック：Essence
（日本コロムビア/1976）

Bass – Yoshio Ikeda
Cello, Bass – Keiki Midorikawa
Composed By – Masahiko Togashi
Design [Cover] – Keiji Sashida, Masahiko Togashi, Satoshi Saitoh, Sign
Engineer – Masao Hayashi
Engineer [PCM Operator] – Kaoru Yamamoto
Keyboards – Masahiko Satoh
Percussion – Masahiko Togashi, Yoshizaburo Toyozumi*, Tatsuzi Yokoyama
Photography By – Satoshi Saitoh, Sign
Producer – Tsutomu Ueno, Yoshiharu Kawaguchi
Woodwind – Hideo Miyata, Masami Nakagawa, Shigeo Suzuki

　70年代半ばの富樫雅彦は充実しクリエイティヴな活動を行っていた。現在から振り返ってみれば、この時期がピークだったと言えそうだ。音楽的な進化、深化となるとその後の活動も目を見張るものがあるのも確かだが、この時期は毎年のように新作がリリースされ、それのどれもが名作の誉れ高いものばかりだ。74年の「ソング・フォー・マイセルフ」をかわきりに「スピリチュアル・ネイチャー」、「ギルド・フォー・ヒューマン・ミュージック」と、ラージ・アンサンブルの名盤が続く。これらは、富樫の代表作と言うばかりではなくて、日本のジャズ界における金字塔と言える。
　76年録音の本作は、前作「ギルド・フォー・ヒューマン・ミュージック」が、グループ名となって吹き込まれた、前作よりは編成の少し小さくなったグループによる演奏だ。富樫のレギュラー・カルテット、中川昌三、翠川敬基、佐藤允彦に鈴木重男、豊住芳三郎、横山達治が加わる。そして夫人の富樫美枝子が1曲ワイングラスで参加している。
　1曲目は、豊住がマリンバを担当し、テーマ以外は全員の集団即興が続く。演奏の見通しが良く、お互いの距離感が絶妙で、こんな演奏は彼等ならではのもの。2曲目、今度は三人がパーカッションを叩く。佐藤の自在なピアノ演奏はさすが。3曲目は、2本のソプラノ・サックスがまるで笛のようで、神楽でも聴いているような錯覚を起こす。4曲目は富樫と中川のデュオ。今度は中川のフルートが尺八でも聴いているようだ。日本人ならではの表現。5曲目は、ワイングラスの奏する美しい響きの周りで三人の打楽器とピアノが遊ぶ。最後は、中川がアルト・サックスでフリーキーな激しい演奏をしている。クラシック、現代音楽での彼の姿しか知らない者には驚きの演奏だろう。名作の誉れ高い前作の後塵を掃くような残り物に非ず。（末冨）

高橋悠治/Yuji Takahashi：ぼくは12歳（日本コロムビア/1977）

Composed,Arrange – 高橋悠治
Soprano Saxophone – Shigeo Suzuki
Flute, Clarinet – Shigeo Suzuki
Vocals –中山千夏
Synthesizer – 佐藤允彦, 高橋悠治
Percussion – 豊住芳三郎
Bass – Masaoki Terakawa – Shigeo Suzuki
Liner Notes – 高史明, 高橋悠治
Lyrics By – Masafumi Oka
Painting [Cover] – Kazuhiko Ichinose

　1975年父は在日朝鮮人の作家高史明（コ・サミョン）と日本人の母との間に生まれた岡真史は、12歳で自らの命を絶った。彼の遺品の中から見つかった詩集は本になり当時ベストセラーとなった。その詩に高橋悠治が作曲し11篇の歌とした。13曲作られているようだが、2曲は未発表。彼の死の2年後、スタジオに中山千夏（うた）、高橋悠治（synth）、佐藤允彦（synth）、鈴木重男（ss、fl、cl）、寺川正興（el-b）、豊住芳三郎（perc）が集結し一枚のアルバムを作った。これらのうたには奄美大島や朝鮮半島の童謡、民謡のリズムが色んな形で引用されている。
　うたを歌う中山千夏は当時夫だった佐藤允彦と共同作業で何枚もアルバムを作っていた頃だった。決して上手いとは言えない（表現の上手さというのではなくて、クラシックの歌手のようなテクニックは持ち合わせてはいないという意味で）中山の歌が、逆にここではこれらの詩を我々にうまく伝えられていると思う。
　これを、クラシックの唱法で朗々と歌われたらいかがなものか？ アレンジも含めてシンプルにまとめられていてメロディーも親しみやすいものだ。だが、そこは高橋悠治。前述したようにリズムは一筋縄でいかない隠し味となっている。（末冨）

湯浅譲二個展(EX-HAUSE/1977 年)

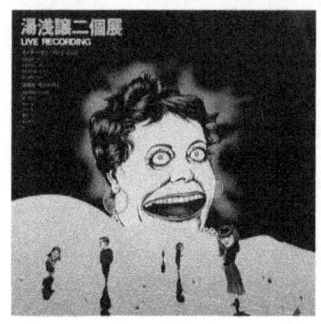

Conductor,produce - 森本恭正
Drums - 豊住芳三郎
Percussion - 吉原すみれ
Piano - 佐藤允彦
Saxophone - 藤川義明
Voice - Akiko Suetsugu , Kou Shinozaki , Takeshi Wakamatsu, Tenjo Sajiki, Youko Ran, Yutaka Nemoto

　湯浅譲二は 1929 年福島生まれ。武満徹、佐藤慶次郎、山口勝弘などと実験工房を結成し作曲活動に入る。以来、オーケストラ、室内楽、電子音楽、劇場用音楽など幅広い分野で世界的に活躍。2010 年には ISCM(国際現代音楽協会)の名誉会員に選ばれている。(ちなみに名誉会員は現在まで 70 数名、ラベル、ストラビンスキー、バルトーク、シェーンベルグ、ジョン・ケージ、クセナキスなど蒼々たるメンバーが名を連ね、日本人は湯浅譲二、武満徹、松平頼暁の3名である。)
　アルバムは森本恭正プロデューズによる EX-House の制作。ちなみに森本はこの時代、現代音楽のイベントを多く手がけ注目された。収録は2曲。「インターポジプレイションⅠ」は 71 年の作曲。佐藤允彦、豊住芳三郎、藤川善明の3人のジャズ・ミュージシャンに吉原すみれが加わっている。音高は自由であるが、音数は規定されている。作曲家から見れば、即興性を含んだ作品と言えるが、演奏家にとっては規定された即興と写るだろう。そのためかこの音楽からはたとえフリージャズであっても感じることの出来る、ジャズ特有のスイング感、ドライブ感は特に感じられない。湯浅にとっては時間に充足される音楽からの開放を意味し、秩序から差異への試みと言えるであろうが、逆にジャズミュージシャンにとっては差異からの秩序となり、時間によって運動が充足されるとも言える。しかしそれが、記憶のイメージを混乱させるなら、結果的に多くの差異と差異という最小回路が瞬間的かつ直接的現前となって喚起し、彼らにとっても新しい経験と言えなくもない。
　「演奏詩:呼びかわし(1973)」は端的に言えば固定したシニフィエとシニフィアンからの開放である。湯浅はこの作品以前にもホワイトノイズや擬声語・擬態語を用いることでそれを試みたが、クラシックの歌手が直立不動で歌うよりも、寺山修司率いる「天井桟敷」の役者達による発話の方が身体の生命エネルギーをよりダイレクトに露にし、固定したシニフィエとシニフィアンの関係と思考のイメージは脱根拠化されるのである。(河合)

New Jazz Syndicate 1: In The Beginning (New Jazz Syndicate/1977)

Soprano Saxophone – Kamata Yuichi, Alto Saxophone – Inaba Ryuichi
Tenor Saxophone – Morizone Yasuhiko, Shimizu Horishi
Baritone Saxophone – Ukaji Shoji, Bass Clarinet – Ueda Yasuo
Flute – Clive Bell, Yoda Yasuo, Flute, Alto Saxophone – Kaneko Kunio
Oboe, Clarinet, Alto Saxophone – Inoue Keizo*
Trumpet – Komiya Kazuo, Trumpet [Pocket], Flugelhorn
 – Mikuriya Kouji
Trombone – Shoda Jiro, Piano, Trombone – Amemiya Hiraku,
Producer, Piano, Vibraphone , Supervised – Hara Ryo
Bass – Iijima Shin-Ichiro, Satoh Hiroaki
Drums – Miyauchi Toshiro, Toyozumi Miyoshisaburo
Percussion – Imamura Koujiro, Takagi Mikiharu
Engineer [Recording] – Kawasaki Katsumi,
Photography By, Design – Toyota Kazuki

　原寮は、1946年佐賀県鳥栖市生まれのピアニスト。88年「そして夜は甦る」の作家としての方がよく知られている。九大文学部美学美術史科を卒業後は上京し、フリー・ジャズ・ピアニストとして阿部薫、高木元輝、豊住芳三郎らと共演をした。71年の三里塚での日本幻野祭では高木元輝トリオで出演し、現在CDでも聴ける。豊住芳三郎の「Sabu-Message To Chicago」にも参加している。
1974年原寮は、創造的なミュージシャン達と法政大学学生連盟・事業委員会のメンバーと共に「ニュージャズ・シンジケート」を設立した。彼らの趣旨は、「ニュージャズ・シンジケートの目的は、それら総ての個性間における限定されない相互交流を通して、創造的な音楽の発展の為の"場"を提供し、維持することである。」とある。
　本作は、1977年10月〜12月にかけて、法政大学学生会館（ここは、アンダーグラウンド・ロック、パンク、ニュー・ウェーヴ、実験映画の根拠地としてその後も名を馳せた。）で行われた4回のコンサートから収録された録音を3枚に編集したアルバムの中の1枚。
　他2枚は「Don't Play That Sentimental/Ballad」と「Forward Suspense」。80年には「The Eternal Recurrence」もリリースしている。この3枚のアルバムは、総勢21名が参加。ds,prec だけで4人。（豊住芳三郎は、ゲスト参加）2 bass,2 p とリズム・セクションだけでも8名になる。ベテラン（しかし、当時はデヴュー直後！）の井上敬三(oboe.as.cl)や Clive Bell(fl)、宇梶昌二(bs)、荻窪グッドマン店主の鎌田雄一(ss)の名前が見える。庄田次郎(tp)は現在も「ニュー・ジャズ・シンジケート」を名乗り活躍している。
　叙情性も感じるメロディーのテーマから一転、各人のソロが加わるとフリーキーで激しい演奏に変わる。原寮のピアノも、グローブ・ユニティでのシュリッペンバッハを思わせる強度抜群の演奏。その背後から怒涛の ds,perc 群が襲い掛かる。爽快なフリー・ジャズ・オーケストラの演奏が聴ける歴史の1ページ。（末冨）

Free Music Trio:You Got A Freedom (ALM/1978 年)

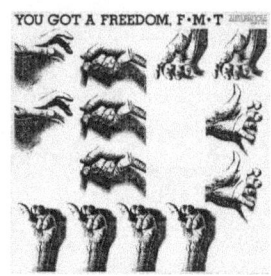

Saxophone, Flute, Performer [Etc] – Yoshiaki Fujikawa
Cello, Performer [Etc] – Keiki Midorikawa
Drums, Percussion, Performer [Etc] – Yoshisaburo Toyozumi*
Artwork [Cover Art] – Akio Suzuki
Liner Notes – 副島輝人
Recorded By, Producer – Yukio Kojima

　フリー・ミュージック・トリオは、藤川義明(sax,fl,etc)、翠川敬基(cello,etc)、豊住芳三郎(ds,perc,etc)の頭文字、ＦとＭとＴを合わせ、Free Music を演奏することから付けられたグループ名。藤川義明は、1949年秋田県生まれ。自己のトリオで PIT INN ニュージャズ・ホールへ出演。後、身体表現、ハプニングも含む破天荒なグループ「ナウ・ミュージック・アンサンブル」に発展する。このグループは、日本音楽史上突出した存在だが、録音は「インスピレーション＆パワー」に１曲収録されているだけだ。音だけでは捉えられないのだから、仕方がなかったか？藤川は、その後これまた日本では屈指のオーケストラを編成した。「イースタシア・オーケストラ」だ。翠川は、藤川にとっては欠かせない音楽的パートナーで、そんな二人に豊住芳三郎と言う屈指のドラマーが加わってこのトリオが出来た。これは78年録音の、トリオの初アルバム。と言っても、セカンド・アルバムは、1997年まで待たなければならなかったが。

　彼らは、この録音後にメールス・フェスティヴァルに登場し、メールの大観衆の度肝を抜き、アンコールに次ぐアンコールが起こった。彼の地の聴衆や評論家やメディアは、東アジアからやって来た何の予備知識も無いグループでも、聴いて判断し、よければ大歓声、悪ければ大ブーイング、または途中で帰る。そんな連中の怒涛の拍手と歓声が大きな会場じゅうに巻き上がったのだった。

その後のメディアでの取り上げられ方も、この年のメールスのステージでも屈指のパフォーマンスとの高い評価が並んだのだった。スピードとキレと爆発的パワーと瞬発力。それにプラスして、"The Laugh Is Impotant"だ。実は、この原稿は、レコードではなくて、このメールスのライヴ録音（音質は悪いが）を聴きながら書いている。観衆の中で録られたテープには、演奏中に起こる客席の中の大勢の人の歓声や感嘆の声や、興奮して話し合っている様子も聴こえて来る。（末冨）

阿部薫＆豊住芳三郎・Overhang Party:蟬脱・Senzei(QBICO/1978)

Alto Saxophone – Kaoru Abe
Cover – Qbico
Drums, Percussion – Sabu Toyozumi
Mastered By – Harumi Hayashi
Photography By – Kenshi Sudoh*, Masaaki Ohthu
Recorded By – Shinji Ohno

　阿部薫と豊住芳三郎のデュオは、「オーヴァーハング・パーティー」と名付けられたユニットだった。本作は、ALMがリリースした「オーヴァーハング・パーティー」(78年8月13日の演奏。)に先立つ2月と4月の初台の騒(がや)でのライヴ録音。二人でセッションしましたと言った一過性のものではなかった。たった二人だが、ユニットとして活動していた。それだけ、阿部も豊住もお互いがお互いを必要としていたのだ。楽器こそ違えどまるで双子の兄弟の戯れをみているかのように、二人のコンビネーションがいい。だが、奥底に秘めた個性・特性は、かなり違うようだ。阿部はアルト・サックス(ここでは、アルト・サックスの演奏のみが収録されている。)を、己の肉体と同化させ、五臓六腑を吐き出すかのように音を放出する。これに似た音は、せいぜいアルバート・アイラーくらいだろうか。正に突出した個性だった。一方豊住は、そんな阿部の光速で飛んでくる情念の矢をかいくぐりながらドラムからパルスを放射する。だが、豊住にはユーモアを湛えた余裕がまだ演奏に感じられる。阿部にはそれは無い。あまりにも切羽詰まった音ばかりだ。だからこそこのユニットは機能していたのだ。阿部と富樫の共演は想像しがたい。阿部と同時代に豊住の存在があったことは偶然とは言え、お互いにとって幸運だった。

　私は、79年に上京しているので、その前年に他界した阿部の実際の姿は見る事、聴く事は叶わなかった。豊住も日本にいることが少ない人で、数回しかライヴに接することが出来なかった。もう一年早く上京出来ればきっとこのアルバムの現場に立ち会っただろうに。当時の知人の何人かは、阿部のライヴを何度も聴いていた。まだ、今の様なカリスマ性は我々にはなかった頃だ。「あれは演歌だよ。気持ち悪い。」と言う者。すでに神格化して語る者と様々だった。(末冨)

阿部薫＆豊住芳三郎・Ｏｖｅｒｈａｎｇ　Ｐａｒｔｙ (ALM/1978)

サブ回想記(P59)参照

未発表音源『万葉歌(MANNYOKA)』を発売予定。

TOYOZUMI UNIT : The Masterpiece（ALM uranoia/1979）

（P22参照）

Alto Saxophone, Bass Clarinet - 梅津和時
Drums, Percussion - 豊住芳三郎
Tenor Saxophone, Baritone Saxophone-片山広明
Trombone - 佐藤春樹
Producer, Recorded By - Yukio Kojima
Liner Notes - 白石かずこ

原田依幸:Miu（日本コロムビア/1980）

Piano, Ocarina, Clarinet, Bass Clarinet, Soprano Saxophone
- Yoriyuki Harada
Cello - Keiki Midorikawa
Vibraphone, Marimba, Glockenspiel, Xylophone, Harmonica - Hiroshi Hatsuyama
Double Bass - Hideaki Mochizuki
Drums - Ryojiro Furusawa, Tony Koba
Drums, Percussion - Yoshisaburo Toyozumi
Electric Bass - Tetsu Yamauchi
Producer,Liner Notes, Photography - 望月由美
Engineer - 時枝一博, 笠井雄二郎

　原田依幸は、1848年生まれの島根県大社町生まれのピアニスト、クラリネット奏者。国立音大クラリネット科では、梅津和時と同級だった。下宿まで同じだった。74年梅津と「生活向上委員会NY支部」と名乗りロフトで活躍。帰国後「集団疎開」を結成。根城にしていた八王子アローンの閉店のため開催された「さよならコンサート」をきっかけに「生活向上委員会大管弦楽団」が結成された。

　78年の日比谷サマーフォーカス・イン、京大西部講堂コンサートが話題となり、朝日新聞に取り上げられると、各テレビ局に一斉に出演することになった。これは、お茶の間に「ヘンなのがいるぞ。」と、お笑いバンドのような印象を残す。だが、これまで日本に存在しなかったジャズの在り方を痛烈に示したのだった。やってる本人は結構覚めてるものだ。それだから有頂天になることもなく、2枚のレコードを残してあっけなく解散し、各自の自分の音楽、演奏に軌道修正して行った。当時は若手だったが、現在から見ると錚々たる面々がそろっている。

　さて、本作は、その原田のビッグバン後直後のユニークなアルバム。81年原田が結成した「新鮮組」原田(p,ocarina)、初山博（vib,marimba）、望月英明(b)、豊住芳三郎(ds,perc,etc)、翠川敬基(cello,3 のみ)と、「変態組」原田(p,b-cl,ss)、初山博(vib,marimba)、山内テツ(el-b)、古沢良治朗(ds)、トニー木庭(ds)と、二つのユニットで3曲づつ演奏されている。新鮮組は、フリー・ジャズ。だが、サン・ラの後歌詞が付けられジューン・タイソンがよく歌っていた「They'll Be Come Back」だったり、「Y'S March」はコミカルなメロディーを原田はオカリナでずっと吹いていたりと、一筋縄でいかないシカケが満載。「変態組」は、2ds と山内の el-b が、タイトで強力なリズムを終始ビシバシと決める上で、原田は相当にフリーなソロを取る。どちらにも参加している、初山の vib,marimba がこのセッションのさらなる彩を与えている。彼の参加の意味は大きい。（末冨）

150.Art Crossing 2nd

藤川義明＆イースタシア・オーケストラ:三月宣言（SuperFuji/1982）

藤川義明(cond, reeds)
梅津和時, 鈴木重男, 片山広明, 松風鉱一, 井上敬三, 広瀬淳二, 清水末寿, 山本俊自, 林栄一(reeds)
吉田哲治, 小宮いちゆう, 吉田憲一(tp)
板谷博, 佐藤春樹(tb)
渡辺香津美(g) 翠川敬基(cel)
原田依幸(p) 池田芳夫, 望月英明, 早川岳晴(b)
豊住芳三郎, 田中保積, 菊池隆(ds) 横山達治(per)

　1984年5月にリリースされたアルバム「照葉樹林」は、藤川義明率いるイースタシア・オーケストラの記念すべきファースト・アルバムだった。汎アジアに目を向けた極めてユニークなその演奏は大変注目され、リリース翌月にはメールス・フェスティヴァルをはじめ、ヨーロッパ各地を廻った。翌年には、NHK・FM「セッション'85」に出演。8月には 2nd アルバム「Origin」をリリース。本作は、それに先立つ1982年3月30日に行われた芝・増上寺ホール「三月宣言」旗揚げコンサート（まだ、ここでは藤川オーケストラと名乗っている）と、同年11月の「フリーダム・ナウ・ジャズ・フェスティヴァル」、83年4月の赤坂・ドイツ文化会館 OAG ホールでの自主コンサート、83年7月新宿 PIT INN、85年場所不明のライヴからも収録された2枚組のアルバム。年代や会場によっては多少のメンバーの移動があるが、常に12〜3名からなる個性の強い、アクの強い日本を代表するフリー・ジャズメンが総動員された感がある。

　吉田哲治(tp)、小宮いちゆう(tp)井上敬三(reeds)、梅津和時(reeds)、片山広明(reeds)、広瀬淳二(reeds)、板谷博(tb)、佐藤春樹(tb)、翠川敬基(cello)、池田芳夫(b)、豊住芳三郎(ds)、横山達治(perc)等々。いったいどういう経緯なのかは分からないが、ディスク2-1 には渡辺香津美(g)も参加している。ソロでは現れないが、アンサンブルで重要な役目を担っていて、ギターの音が全体の背景になっている。ソロも聞きたかったが。藤川の書く曲は、彼独特のユーモア感覚が溢れたもので、その中で各人が熱狂的なソロを取る。日本のフリー・ジャズ・オーケストラによる独自な表現が横溢した傑作。「照葉樹林」「Origin」共々必聴！（末冨）

Tibetan Blue Air Liquid Band:空中浮遊 (Trio/1983)

Design – Tomiyasu Shiraiwa
Drums – Cecil Monroe
Electric Bass – Rodney Drummer
Electric Guitar – Kazumi Watanabe
Engineer – Masahiro Terada
Percussion – Sabu Toyozumi
Photography By – Kiyoshi Tatsukawa, Toshiaki Yamaguchi
Producer – Kenny Inaoka
Trumpet, Producer – Toshinori Kondo

　近藤等則は、京都大学軽音楽部時代にジャズを演奏しはじめ、1972年上京後は、高木元輝とEEUを結成するなど先鋭的なジャズの道を邁進し、78年にはNYに移住。即興演奏の最先端の位置に立っていた。ICPオーケストラの召喚、アルバム制作等々八面六臂の大活躍だった。が、これは世間から見ればあくまでもジャズ/フリー・インプロヴィゼイションという狭い狭い世界での話。

　だが、近藤は80年代に入り、一気に方向転換を図った。その最初の一歩がこのアルバム。突然のポップな演奏に？マークが何個も付いた。あまりにもこれまでの彼の演奏とかけ離れているではないか。でも日本には、佐藤允彦と言う、ポップから（中山千夏、ハイファイセット、イルカ等々）ジャズ、そしてフリー・ジャズ、映画やTV、CMの音楽等々と音楽の右から左まで同時にこなす、一体頭が何個ついているのやら？の先輩もいるので、驚くこともないのだが。近藤の場合、いささか唐突に変わり身を見せたものだからこっちも驚いた。

　近藤(tp)の他は、ロドニー・ドラマー(el-b)、セシル・モンロー(ds)、豊住芳三郎(perc)、ゲストで渡辺香津美(g)。ドラマーは、レスター・ボウイ、オル・ダラとも共演していた。同じくAACMに参加していた豊住と、ポップな演奏なれど、リーダーの近藤ともども一筋縄ではいかないツワモノ共の集団だ。曲名が「軽快足踏序曲」、「若い娘のハネ踊り」等々とユニーク。近藤の故郷今治の海のことなのか「瀬戸内 Blue」というのもある。どれも跳ねるようなリズムが特徴で、近藤の tp の音も、一聴で分かる独特な音色をしている。時にはお囃子でも聴いているような曲もあり、世界中を旅する一見コスモポリタンに見える近藤の中身は意外と和の塊だったりする。渡辺のギターは、ソロと言うよりは、近藤の tp に絡みつくように進む。これがいいのだ。豊住もタイトなリズムの間髪を縫う自由な演奏だ。
（末冨）

Tristan Honsinger, Toshinori Kondo, Peter Kowald, Sabu Toyozumi : What Are You Talking About? (IMA/1983)

Trumpet, Producer - Toshinori Kondo
Drums - Cecil Monroe
Electric Bass - Rodney Drummer
Electric Guitar - Kazumi Watanabe
Percussion - Sabu Toyozumi
Producer - Kenny Inaoka
Engineer - Masahiro Terada
Photography By - Kiyoshi Tatsukawa, Toshiaki Yamaguchi
Design - Tomiyasu Shiraiwa

　1983年、近藤等則は「空中浮遊」と言う渡辺香津美(g)をゲストに迎えたポップなアルバムを録音している。それまでのフリー・インプロヴィゼイションとは180度違う音楽は、ファンを驚かせ、困惑させ、ある者は受け入れた。さて、同年今度はトリスタン・ホンジンガー(cello)、ペーター・コヴァルト(b)と言うヨーロッパ・フリーのチェロとベースの代表格二人に、「空中浮遊」にも参加していた豊住芳三郎(ds)と近藤等則(tp)の四人でも演奏し、本作をリリースしたのだった。このメンツだと、名前を見ただけで、聴き手はいかにもなフリー・インプロヴィゼイションを想像するだろう。それは当然と言える。なにしろその世界では名前の轟く四人なのだから。普通即興演奏は演奏時間が長い。

　このアルバムは、10曲も収録されており、時間も比較的短い。2、3分台の演奏が8曲になる。そして、作曲者のクレジットがある。完全即興ではないと言うことだ。さて。聴いて驚くことになった。作曲者のクレジットが有るように、きっちりと曲を演奏しているのだ。コヴァルトのウォーキング・ベースなんて初めて聴いたぞ。豊住もリズムをキープしている。豊住の場合は、ニューハードのようなビッグ・バンドと共演したり、ミッキー・カーチスのバンドにいたくらいで、珍しいことじゃないんだが。10曲中7曲がホンジンガーの曲で、残りは近藤の曲。これのどれもが、なんとも人を食ったような一筋縄でいかないシロモノで、逆に曲として形がある分、この二人のユニークさが強く現れることになった。豊住のよく言う「Laugh is impotant!」。正にこれが満載の演奏で、四人が楽器を鳴らさず、なにやら各自勝手にしゃべっていたり、そこから楽器の演奏に突入したりと、このあたり「空中浮遊」と同感覚だ。この近藤のセンスは、硬直し「フリー」と言いながらも、型を作ってしまったミュージシャンにもリスナーにも、一撃を与えた。(末冨)

藤川義明＆イースタシア・オーケストラ：照葉樹林 (Mobys/1984)

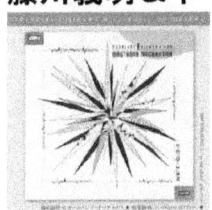

Conductor, Reeds, Producer - Yoshiaki Fujikawa
Reeds - Hiroaki Katayama, Junji Hirose, Kazutoki Umezu, Keizo Inoue
Trumpet - Ichiyu Komiya, Tetsuji Yoshida
Trombone - Haruki Sato, Hiroshi Itaya
Bass - Takeharu Hayakawa
Cello - Keiki Midorikawa
Drums - Sabu Toyozumi
Percussion - Tatsuji Yokoyama
Producer, Liner Notes - Teruto Soejima
Engineer - Yukio Kojima

　新宿 PIT INN の2階にニュージャズ・ホールがあった時代、藤川義明は、翠川敬基、田中保積を中心とした「ナウ・ミュージック・アンサンブル」を率いて出演していた。ハプニング満載の客席からは笑いも起こるような破天荒なステージは、当時注目されていた阿部薫とは対極を行く表現だった。79年には、藤川、翠川、豊住芳三郎のトリオ「Free Music Trio/FMT」がメールス・フェスティヴァルに出演。82年春、当時の精鋭達を集めた「藤川義明オーケストラ」を旗揚げし、芝・増上寺で「三月宣言」と称した旗揚げコンサートを行った。11月新宿 PIT INN に出演する時から「イースタシア・オーケストラ」を名乗るようになった。

　そして84年にファースト・アルバム「照葉樹林」をリリース。リリースの翌月にはメールス・フェスをはじめヨーロッパ各地を廻った。6月17日の東ドイツでの「ダス・ビューネ・ジャズ・フェスティヴァル」でのライヴ録音はアルバム化されリリースされた。本作でのオーケストラのメンバーは、藤川義明の他、井上敬三、梅津和時、広瀬淳二、翠川敬基、豊住芳三郎、吉田哲治、小宮いちゆう、板谷博、佐藤春樹、片山広明、早川岳晴、横山達治。アルバム・タイトルが、ここでの演奏を物語る。照葉樹林は、ヒマラヤ、中国南部を通り日本に広がる常緑樹林(樫、楠等々)を指す。樹林帯と呼応するように東アジア文化圏を意識したジャズ・オーケストラ作品となっている。インド、中国、東南アジア、日本の音楽の要素を濃淡の違いはあれど匂わせる。ジャズ故に各人のソロがあるのだが、同じ楽器同士の掛け合いも多く聞かれるのが特徴。85年には、NHK・FM の「セッション '85」にも出演するほどの人気を博した。メンバーは、渡辺香津美をはじめ、池田芳夫、松風鉱一、清水末寿、原田依幸、望月英明、等々も去来した日本ジャズ界の震源地になって行った。(末冨)

富樫雅彦& HIS IMPROVISATION JAZZ ORCHESTRA, FOLLOW THE DREAM（KING/1984）

Alto Saxophone, Flute – Kazutoki Umezu
Alto Saxophone, Soprano Saxophone – Masami Nakagawa
Tenor Saxophone – Junji Hirose
Baritone Saxophone, Flute – Koichi Matsukaze
Trumpet – Hitoshi Okano, Shinji Yasuda, Tetsuji Yoshida
Trombone – Haruki Sato, Tadanori Konokawa
Guitar – Masayuki Takayanagi
Piano, Conductor – Masahiko Sato
Double Bass – Hiroshi Yoshino, Keiki Midorikawa
Drums, Percussion – Masahiko Togashi
Percussion – Miyauchi Toshiro, Yoshisaburo Toyozumi＊
Producer – Motohiko Takawa ,Recorded By – Hatsuro Takanami, Art Direction – Yoshio Shiraki, Design – Hochi Fujishiro
Photography By – Michio Mikami

　富樫さんのオリジナル曲。『スピリチャルネイチャー』のときと同じくオーケストラでは複数のパーカッションニストを使用します。草月ホールの本番に向けて無性に"音以外"のことでも参加する衝動が沸き上がり、極彩色の漸次に点滅する多くのライトを最終曲で楽器上に飾ることにしました。両手は演奏しているので ON/OFF 可能のフットペダルと延長コードで完成。パーカッション群は最後列で、（リハでは試せなかったので）観客と指揮してる佐藤允彦氏以外のミュージシャン達は曲が終わるまで気が付かなかったでしょう。（豊住）

Peter Kowald,Sabu Toyozumi : Duos Japan, America, Europa (FMP/1986)

　Cover Art は井上有一氏の書。
私（豊住芳三郎）の使用楽器は山梨県の廃村の寺で仕入れました大和太鼓とバリ島のチャンチャンです。
　私の娘ナナが誕生した 1983 年に Kowald は拙宅に滞在中で,彼の大きな両手に、子猫のように乗ってる写真が残ってます。暁天座禅に一緒に参加し、彼一人 Bass と共に三島の接心道場に行きました。近くの前衛書道家宅も訪ねました。
1983 年に彼の街ヴッパータールのフェスに、日本から白石かずこ、大野一雄氏、世界中から 38 名のアーテイストと共に招聘されました。（Jazz 関係では地元の P Brotzmann,をはじめ、Dereck, Misha, H Bennink, J Zorn, P Minton, トロンボーンの Bauer 兄弟、彼ら全てをのち日本へ招聘するとは夢にも思わなかったが。他に T Oxrey, A Ceril ,南アからのSAX、）彼の自宅地下室はアトリエになっておりまして、ジャクソン・ポロックを彷彿させる彼の大きな作品が沢山飾ってあります。その前で御馳走になった大きな昆布が入ってた味噌汁がおいしかった。
　他に Kowald と小杉武久氏（VI）との Duo も収録されています。

Derek Bailey, Sabu Toyozumi, Peter Brotzmann: Live In Okayama 1987(Improvised Company/1987)

Tenor Saxophone, Alto Saxophone, Tárogató – Peter Brötzmann
Guitar – Derek Bailey
Drums, Percussion – Yoshisaburo Toyozumi
Producer – Kouichi Ohshima
Producer [Concert Performance] – Yasushi Hirai
Recorded By – Michiya Furukawa
Artwork [Cover Silkscreen] – Keisuke Akahoshi
Design – Yasuhisa Miura

　岡山で長年フリージャズ/インプロヴァイズド・ミュージックのライヴを企画されていた平井康嗣さんから1987年に岡山の画廊「Aix-en-provence」で行ったデレク・ベイリー、ペーター・ブロッツマン、豊住芳三郎の三人によるライヴ・ヴィデオをコピーしていただいた。それを、Improvised Company を主宰されていた今は亡き大島孝一さんに見せたところ「ぜひ CD 化したい。」と、相談を受け平井さんを紹介してリリースが実現したのがこのアルバム。1曲目は、ブロッツマン&サブの21分少々の激烈なデュオ。スタートからフルスロットルでパワー全開！2曲目がベイリーの20分近いソロ。これが素晴らしい！20分間演奏が淀む場面は一瞬たりとも無い。3曲目が27分のトリオが収録されている。この時代のベイリーとブロッツマンのハードな演奏は他では聴けないので貴重。そこに豊住も加わるのだから、こんな貴重なライヴの企画をされた平井さんにも感謝あるのみ。この現場にいたかった！　会場ノイズも入り、音質も正直良いとは言えないが、どれも演奏の質は極上なので、問題なし。音質の悪さは、聴き手の想像力で補って音質アップをすればすむことだ。
　こういったマイナー・レーベルを聴くのなら、それくらいの「努力」？はすべし。他にいい条件での音源が存在せず、これを聴くしか方法がないのだから。ジャケットは一枚ごとの赤星啓介氏のアート作品になっている。リリースは、2000年。ヴィデオには、デレク・ベイリーの演奏中の指元を追っているような箇所があったりと、それは感動ものだったのだが、カビにやられて全く再生不能だった。泣く泣く即廃棄。だが、こうして CD で聴けるようになり平井、大島両氏に感謝。残念ながら大島さんが亡くなられてしまい、今この CD の在庫はどうなってるのか（完売か）、今後の入手は可能なのかは不明。Improvised Company からは「Peter Brotzmann-Sabu Toyozumi Duo：Live inJapan 1982」もリリースされている。（末冨）

Cos#1Magazine with cassette Tape(1988)

As-ジョン・ゾーン
B-斎藤徹、
Per-豊住芳三郎
Cell,voice-トム・コラ

サブ回想記（P60）参照

　小冊子とカセットテープで対になっております。即興に関しての論評。中でも大変興味深いのは色々なミュージシャンに同じ質問をしての色々な答えが比較できる事。（豊住）

斉藤徹：Coloring Heaven (AKETA'S DISK/1988)

Koto [17 String] - Hideaki Kuribayashi
Bass, Liner Notes - Tetsu Saitoh
Bass - Barre Phillips
Drums, Percussion - Sabu Toyozumi
Engineer - Katsumi Kawasaki
Artwork - Hyokichi Ohnari
Design - Masumi Aruga

　ベースの巨人。ベース(コントラバス)・ミュージックの最高峰。と、私は思っているバール・フィリップスと、彼の弟子であるようで、同僚であるようで、共に困難な道を歩む戦友とでも言える同じくベーシスト斉藤徹は、湯河原のアート・スペース「空中散歩館」に、バール・フィリップス、豊住芳三郎(ds)、栗林秀明(17 弦箏)を集めた。セッションは3日間に渡った。CD4枚分の収録が出来た。その中から11曲が選ばれた。ベースのデュオが3曲。ベース2本と ds が3曲。斉藤と栗林のデュオが1曲。その他4曲は、4人の演奏となる。最後に収録された「Invitation」のみが作曲されたもので、あとは全て完全即興だ。簡単な打ち合わせ「短いもの」等はあったようだ。ベース2本、17弦箏、ドラムスと、一般的な音楽からするとなんともユニークな編成ではある。だが、そこは即興演奏。なんら不思議がることはない。この日豊住は、ドラムスの皮を全て動物の皮に張り替えて、スティックも細めのものを用意して来た。彼なりの作戦である。このレコーディング・セッションに対するヴィジョンの明確さと、彼のセンスの良さがうかがい知れる。17弦箏の栗林は、箏の柱(じ)倒しをはじめ、特殊奏法・販促攻撃を繰り出して対抗する。相手をする斉藤は、今では封印しているであろうこれも反則技のオンパレードで相対する。ギターのピック、鉛筆削り？　まで繰り出した。まともな音が一切ないような8曲目では、バール・フィリップスは「今の演奏には124か所大きな間違いがあった。」と言ったそうだ。9曲目のタイトルが「Okinawa Mama」!　何だろうと思っていたら、全員ブッツンと切れたみたいで、演奏と言うよりパフォーマンスと化してしまい、とうとうバール・フィリップスが「オキナワ・ママ」と歌い出したのだった。破天荒な演奏も含め、日本の即興演奏の貴重な1ページを記録した名作のひとつ。(末冨)

Barre Phillips, Keiji Haino, Sabu Toyozumi (P.S.F/1991)

Bass - Barre Phillips
Vocals, Design, Painting - Keiji Haino
Drums - Sabu Toyozumi
Producer - Kunihisa Takizawa
Recorded By - Keiichiro Takahashi
Art Direction - Yasunori Arai
Photography By - Akira Seki, Masara Minami, Nozomu Matsubara

　灰野敬二は、先鋭的なロック・ミュージシャンとして世界にその名を轟かす。現在のノイズのオリジネーターの一人としても。本人は「俺はヴォーカリストだ。」と言っているようだが、とにかく活動の幅が広く、演奏も多岐に渡っている。一言で「こう。」と言えないのだ。一番印象の強いのは、ギターから放射される爆音だろうか。そんな彼だが、デレク・ベイリー、ペーター・ブロッツマン、フレッド・フリス、吉沢元治、サインホ、ネッド・ローゼンバーグ、姜泰煥等々と言ったインプロヴァイザー達とフリー・インプロヴィゼイションを何度も行っているし、CDも作っている。バール・フィリップスとは、「EtchingsIn the Air」(P.S.F/1996)と言うデュオ作があるが、91年の本作は、それに先立つ91年の録音で、バール・フィリップス(b)と豊住芳三郎(ds)が加わっている。1, 3曲目がトリオによる演奏。不失者等で聴かせる大音量のノイジーなギター(これが灰野敬二と聞けば誰しもが思い浮かべる姿なのではないだろうか。)とは違い、エレクトリック・ギターのほとんど加工されないシンプルな音で、バール・フィリップスのベースと豊住のドラムに相対している。豊住のドラムも音量も音数も抑えて繊細な演奏に終始する。バール・フィリップスは、ほとんどアルコでの演奏だ。ベースにアタッチメントを付けて軽くエフェクトをかけているようだ。演奏は一点に凝縮したり塊となって疾走したりはしない。まわりに拡散して行くような感じで、淡々と続く。残念なのは、ギターの音量とベースの音量との差があって、ベースがよく聞こえない部分もあったりする。2曲目は、バール・フィリップスの長めのソロが聴ける。まるで、あらかじめ作曲されてるのではと思えるほどの、構成感がある。だんだんと聴いて行く内に高揚て来るような演奏だ。ジャケットのデザインは、灰野敬二自身で、B&Wのいかにもなアートワークだ。(末冨)

Wadada Leo Smith&Sabu Toyozumi: Cosmos Has Spirit(Scissors/1992)

Flute [Self-made Bamboo Flute], Kalimba, Trumpet
 – Wadada Leo Smith
Mastered By – Kojima Rokuon
Percussion [Non Tempered Scale Tuned]
 – Sabu Toyozumi
Producer – Wataru Matsumoto
Design [Cover] – Sabu Toyozumi
Engineer – Kikuo Takahashi

　これは、1992年のワダダ・レオ・スミスと豊住芳三郎の日本ツアーの4月13日、埼玉県上尾市の理髪店「バーバー富士」の店内ライヴの記録。当初は散髪する椅子を取り外して演奏場所を作っていたそうだが、現在は別室にピアノも設置してライヴを行っている。すでに100回を超えるライヴを行っており、出演者は内外のインプロヴァイザーが揃う。多分、理髪店で即興のライヴをやっているところなんて、世界中さがしてもここだけに違いない。そんなアットホームな雰囲気もあって、世界中からインプロヴァイザーが埼玉の地方の街にやって来る。
　さて、このアルバム。ライヴ・ハウス/クラブと違い狭い店内と近隣への騒音対策もあって、豊住さん（以降サブさん）は通常のドラムを用いず、色んなパーカッション類を集めて演奏された。レオさんは、トランペット、カリンバ、手製の竹笛を演奏。ドラムを使わないことで、トランペットとドラムのデュオとは様相の異なる演奏となっている。元々、この二人のデュオの場合はよくあるトランペットとドラムの演奏とは相当異なっていて、特にサブさんはドラムから離れての演奏（床を叩いたり、自分の体を叩いたり、壁を擦ったり‥）が多い。ここでの演奏はそうした部分だけで構成されていると考えれば、彼らのライヴを体験してこられた人には想像出来ると思う。特にレオさんが竹笛を吹いたりする場面では、ドラムよりもより効果的に作用している。フリーだとかインプロだとか言うよりも、レオさんの言う「クリエイティヴ・ワールド・ミュージック」と呼ぶ方がしっくりとくる演奏だ。このアルバムは、理髪店のオーナー松本渉氏の「シザーズ」レーベルの第1弾CDとしてリリースされたアルバムです。残念ながら、いやめでたく完売。入手は困難かと。(末冨)

ミシャ・メンゲルベルク&豊住芳三郎（Chap Chap/1994）

Piano-Misha Mengelberg:
Drums-Yoshisaburo Toyozumi:
Produced by Takayo Suetomi and Takeo Suetomi
Recorded live at Café Amores, Hofu, October 6, 1994
Mastered by Yukio Kojima
Photos by Akihiro Matsumoto and Junji Kawachino
Cover art by Yoshisaburo Toyozumi
Design by Rihito Mizutani
Includes a poem by Harumi Makino in Japanese and English

"自由な旅人ミッシャ・メンゲルベルク サブ・トヨズミ Chap Chap "
ミッシャ・メンゲルベルクは健康上の深刻な問題を抱えていたのだが、伝説的なパーカッショニスト、サブ・トヨズミとこのオランダの巨匠が共演した素晴らしいコンサートの模様が、日の目を見たのである。1994 年、山口県防府のカフェ・アモレスで行われた内面的感情を秘めたコンサートで、2 つのセットが録音された。それらは想像を絶するこのピアノの詩人による特殊な芸術をわれわれに発見させたのである。ヨーロッパのフリーミュージックのシーンに飛び込む前から、ミッシャ・メンゲルベルクは最初の「フルクサス」の運動に関わっていた。彼はフレッド・ヴァン・ホーフ、アレクサンダー・フォン・シュリッペンバッハ、また イレーネ・シュヴァイツァーといった、ヴィルトゥオーゾ的で輝かしい即興演奏家であるような当時のピアニストに関連付けられるにもかかわらず、誤って優柔不断とも捉えられるような慎み深さや、ユーモアのセンスによって冷然と区別される。

　メンゲルベルクは、不協和音と協和音による敷衍を長く持続させるのを好む。それらの和音は、一つ一つの音が際立った甘美なメロディーに沿った形で、不条理かつ意地悪に接合されるまで持続されるのだ。最も平凡な種類のアイディアが、ダダイズム文化の諸々の結晶のなかで、彼においては変化を遂げるのである。それは音楽へと移し替えられたベケット演劇にも近い。彼はサブ・トヨズミという、一人の理想的なパートナーを見つけたのだ。パートナーのサブは、打音、転がる音、こすれる音といった、全く具体的なものからなる非常に印象的な多様性における対位法と高揚とに近づくために、はっきりとした冗長さを避ける。メンゲルベルクの三つか四つの音符は、多様な情感をもって反復され繰り返され、まるで言葉を交わすように、豊住の側に輝かしいアイディアを生じさせるのだ。

　もし、ミッシャ・メンゲルベルクが（34 分 55 秒間ある『ゆく河の流れは絶えずして』と、42 分 47 秒間ある『笑いは大事だ』の間の）ギャップの上でなし得ることを決定的に見つけたければ、このミッシャ―サブのデュオを聴けば良い。彼の国でツアーをするのに最も優れた人々（デレク・ベイリー，レオ・スミス，ブロッツマン，コヴァルト，メンゲルベルク,フレッド・ファン・ホーフェ，ジョン・ゾーン，ラザフォード，ジョン・ラッセル）によって懇願されたミュージシャンであるにもかかわらず、サブ・トヨズミはあまりにも資料の少ないアーティストである。

　確かなクオリティと素晴らしい安定感でもって録音されたこの記録は、真に避けて通ることの出来ないアルバムである。エヴェン・パーカーがミッシャ・メンゲルベルクと非常に素晴らしいデュオ《それは壊れた椅子とは呼ばれないだろう》(2006、Psi によって 2011 年にリリース)でもって到達していたのと全く同じように、サブ・トヨズミの持つパーカッションの素晴らしい技術、感情を掻き立てる独創性、また見事な感情移入は、バタヴィアの末裔たるこのピアニストの様々な冗談を聴き、それに注意を向けることに集中する。そのような相棒を持つことで、聴き手は決して退屈することなく、メンゲルベルク風の詩情によってもたらされる並外れた音楽のつづら折りに、心ゆくまで没頭することが出来るのである。このアルバムは、フリーインプロヴィゼーションの領野に打ち立てられた一つの偉大なモニュメントである。

　マニアは既に持っている―というのは全く出回っていないからであるが、この CD は Chap Chap Records レーベルを通じて入手可能である。(Jean-Michel van Shouwburg/訳：織田、小森)

ハン・ベニンク&豊住芳三：DADA 打、打 （UNIVERSAL MUSIC/1995）

A&R – Tamotsu Asai
Design – Masayasu Kurimoto, Tomoko Nagano
Liner Notes [Japanese] – 北里義之
Mastered By [Mastering] – Mitsuo Kikuchi
Photography By [Cover Photo] – 末冨健夫
Producer [Album Produced By] – 稲岡邦彌, 末冨健夫
Producer [Concerts Produced By] – 末冨孝代, 末冨健夫
Recorded By – Takeo Suetomi

　1995年10月に山口で録音されたこのアルバムでの彼ら2人の出会いは、真に歴史的なものであった。彼ら、ハン・ベニンクと豊住芳三郎は、場面ごとにソロとデュオをプレイし分けた。これは多作で音楽史的に避けて通ることの出来ないアーティストであるハン・ベニンクと、伝説的でユニークな重要人物であるパーカッショニスト、サブ・トヨズミとの唯一のアルバムである。ハンとサブは彼らの仕方で、全く自由に音、タッチ、振動、リズムに対して問いかける。スピーカの膜の振動と共鳴は空間に穴を穿ち、空間を満たす。熱心なファンにとって、ベニンクの伝説は健在であり、床の上の鞭、木材の破片、ひっくり返された金属ゴング、それから口、これらを使った導入部は魅力的である。一度ドラムの椅子に座ると、彼はふつうの顔つきから複雑な顔つきへと変貌してしまうのである。それは、信じがたいほどの自在さに聴き手が呆然とさせられる、あの転がるような音で愉しくなってしまう彼お気に入りの音を維持するためなのだ。
　まったく『無地の』打楽器奏者こそが最もアフリカ的な音を鳴らし、リズミックな直観が聞こえるのである。ある瞬間に、彼はドラムからずれたひとつの打音によってリトルネロの断片を抑えつつ、同時に片手ピアノを奏でる。ちょっとした至福の15分だ！続いてサブ・トヨズミが最大限の自然さでもって副次的な流れに身をゆだねつつ、一つのソロによるアンソロジーを創り出す。それは、拍子と時間をずらすなかで、交差し、揺れるリズムの変奏をつないでいくことによってもたらされるのである。相方に全く引けを取らない。思わず耳を引き付けるデュオは、経過的な繊細な演奏形態から、濃密であると同時に移ろいやすいポリリズム的な力強い頂点へと移行していく。
　このディアローグと相補性は、その力強さとダイナミクスの水準がどれほどであろうとも魅惑的である。演劇的に言えば、純真で気さくな微笑みを浮かべたちっぽけな日本人と、並外れて活気のあるバタヴィアの赤ら顔の巨人とを思い描くかもしれない。二人でもって、人が想像出来るようなフリーミュージックからは、全くもって在り得ないような一つのペアとなるのである。
　それは亡きデレク・ベイリーだったら、その伝説的な『Company』の枠の一覧の中で喜んでペアにしたであろうものである。このオランダ人はユーモラスな短いギャグを豊住に強いるが、彼はそれに誠意を持って応じる。このことが、ベニンクが驚くべきダイナミックさで彼の靴の上の細い棒を叩き、サブが一つか二つの日用品を揺り動かすといったような、床の上で演奏された独創的な発想に通じるのである。それはまさに、彼らがまるで一つでしかなかったかのように演奏することによって成立する、パーカッションから自由な二つの魂の想像を絶する証言なのである。そしてなんという一体感だろう！この24分間のうちに、円熟味を帯びた偉大なベニンクは全体的なまとまりと示し合わせを提示し、そのことがまた、どれほど見事にサブ・トヨズミがやすやすと挑戦に答えていくのかを、はっきりと示しているのである。
　1974年(IPS ST001)のミルフォード・グレイブス と アンドリュー・シリル, の伝説的なデュオである『ドラムたちのディアローグ』と並び、『ダダ』は想像を絶する美しさを持つ様々な瞬間を含んでおり、『パーカッションオンリー』という私の録音リストの冒頭に来る。空気と時間の中で与えられた振動という音楽的特性が、美しさと昂ぶりとを交差させる。フリーミュージックの一つの偉大な証拠作品である。
　注：入手不可能なコレクターズアイテム『求められている』がまもなく販売促進されるだろう！
PS.ハン・ベニンクへの言及を止めたとしても、サブ・トヨズミの経歴は常軌を逸した一つの素晴らしい歴史であり、この歴史はブラクストン、l'Art Ensemble、チャールズ・ミンガス、レオ・スミス、阿部薫、ペーター・ブロッツマン、ミシャ・メンゲルベルク、ジョン・ラッセル,また デレク・ベイリーと交差させられる。
　　　　　　　　　　　　　　　　　　　　　　　(Jean-Michel van Shouwburg/訳：織田、小森)

　筆者は普段フリー・ジャズを演奏することがあるにも関わらず、この分野には実はさほど通じてはいないのだが、河合編集長が言うには、このアルバムのレヴューはフリー・ジャズに詳しくない人に書いてもらうと面白いのだとのこと。そこでともかく聴いてみると、確かにその意味の一端が分かったような気がしたものである。つまり、敢えて言えば、ここにあるのは「音楽」そのものだったのである。
　このアルバムの音源は、1995年10月1日に山口県は小郡町立小郡南小学校で収録されたものである。山陽新幹線の停車駅として知られていた小郡駅は、今や平成の大合併により新山口駅なる

無味乾燥な駅名に改称されてしまったが、それは小郡町が山口市と合併したからであり、小郡南小学校も今は山口市内にある。それはともかくとしても、小学校で行われたフリー・ジャズのライヴとは実に興味深いものだ。私事になるが筆者は普段、小中学生にピアノを教えており、子ども向けの音楽教育には関心を持っている。小中学校でプロ演奏家を呼んで生演奏をしてもらう場合、クラシック演奏家が多い。クラシックでは、言うまでもなく楽譜が既に出来上がっている音楽を演奏するのであり、表出された音に並外れた意外性が生じる可能性というのは極めて低い。それに対して、フリー・ジャズともなればその点では非常にエキサイティングである。このアルバムはまさにその「今、ここ」の緊張感がとりわけ満ちた稀有な記録である。
　アルバムにはハン・ベニンク、豊住芳三郎のそれぞれのソロ、そしてデュオが収録されている。そのいずれにも通底するのは、フリー・ジャズとかフリー・インプロヴィゼーションとかいった名指しによってある程度予想される音楽的定位を揺るがす、あるいは、そもそもスタイルや方法論、ジャンルによって規定され得ない一つの「音楽」の持続である。そう、まさにそれは持続なのである。すなわち、それは単純に音現象としてまず途切れることが無い。そして、音楽のマクロ的な構造から言っても、それは選択的、分岐的にルートを辿っていく紆余曲折のドラマでも無い。それはまさにベルクソンの言う純粋持続なのだ。それではそれはどのようになされるのか。最も単純な仕方はドラムを集中的に叩き続けるという演奏方法であろう。しかしこのアルバムに聴かれるのは、二人のそれぞれのソロにせよ、デュオにせよ、ドラム以外の日用品や道具をも楽器として用いる場合も、またピアノをも演奏する場合も、それがドラム・プレイからの逸脱や思い付きの余興的／遊戯的演奏ではなく、ドラム・プレイとリニアーな一つのつながりを持った持続として在るという驚くべき演奏である。実はこのライヴ・レコーディングの一部は、ChapChap Music の代表である末富健夫氏が YouTube にアップした映像でも観ることが出来る。アルバムを耳で聴いても、映像を目で観ても、それら一つながりの持続は音楽的、視覚的に自然なものとして感得出来るのだ。それらはあくまで必然的なものであり、決して選択的、分岐的にルートを辿っていくプロセスを示すものでは無いのである。
　ドラム以外に用いられるモノはさまざまである。それらは如雨露であり、ペット・ボトルであり、鍋であり、脚立であり・・・さらに、如雨露で床を叩く豊住、そして、スティック同士を叩き、長い棒でピアノのボディ下部（塗装されていない木組みの部分）を叩くベニンク。これは同時に真剣勝負のプレイである。アルバム・タイトルにある「打、打」はすぐさま「ダダ」や「ダダイズム」の連想を生む。周知の通り、トリスタン・ツァラは彼の「ダダ宣言 1918」において、「ダダは何も意味しない」と高らかに宣言した。このアルバムにおける演奏はもちろんダダイズムと何がしかの関係性を持っているわけでは無いものの、ダダイズムの美学の持つ純粋性は、このアルバムにおける演奏の純粋性（それは前述したベルクソンの純粋持続における純粋性も含む）と相通ずるものがあると思わずにはいられない。そして音楽的に肝要な「打、打」に関しては、これまた言うまでも無いことであるが、まさに打つという行為に徹した持続が実現しているのである。なお、ベニンクと豊住によるデュオのトラックは『駄駄っ子』と題されている。これももちろん軽い笑いを誘う洒落ではあるが、駄々をこねる子どものネガティヴなイメージなどいささかも無く、子どものような純真さをそのまま保ちながら演奏された大人の真剣勝負のみがある。そして、それを見つめる子どもたちの真剣な姿、これが YouTube 映像を観ているとすこぶる印象的なのだ。叩くことは音楽の最もプリミティヴな演奏形態であり、子どもでも可能なものである。しかし、ベニンクと豊住の二人はその極めて高度なテクニックを誇示するのでは無く、まず、前述した純粋持続の経験を子どもにも浸透させるが如く、極めて集中度の高い演奏を現前させるのだ。テクニックはその必然的手段としてのみ在る。これこそまさに、フリー・ジャズやフリー・インプロヴィゼーションに限らず、音楽演奏の理想的な在り方なのではないだろうか。破綻の無いテクニックと手抜かりの無さは、大人相手になされる演奏と何ら変わらない。これもまた、世界を股に掛けて活躍してきたプロ中のプロとしてのこの二人の矜持であり、真骨頂であろう。
　再び YouTube 映像をソースとする情報で恐縮だが、『駄駄っ子』において、ヴィジュアル上印象的だった 2 種類のシーンについて言及しておきたい。一つめは、ベニンクが頭から布を被ってブラインド状態でドラムを叩くシーンである。ここには、盲目のプレイヤーによる名技を想起させる力があると同時に、ユニヴァーサル・デザインの重要性が言われる昨今において、示唆的なものを感じる。二つめは、二人がドラムを交替して演奏するシーンである。ここにデモクラティックな想像力が刺激されると言ったら、飛躍し過ぎであろうか。（小森）

ケミー・西丘：ジョー水城に捧げる（MAY 2nd/1995）

Ss,Ts,Bs-尾山修一
Tb-Paul Rutherford
P-ケミー西丘
Ds,Perc-ジョー水城
Ds,Perc-豊住芳三郎
Butch,Shout-トモエ静嶺と白桃房

　ジョー水城は、「幻のパーカッショニスト」と呼ばれていた。彼の演奏は、それまで高柳昌行＆ニュー・ディレクション・フォー・ジ・アーツの「フリー・フォーム組曲」(TBM)、「インスピレーション＆パワー」での沖至グループと高柳のグループ。水野修孝の「ジャズ・オーケストラ'73」。沖至の「しらさぎ」のアルバムでしか耳にしたことは無かった。他には、宮間利行＆ニュー・ハード「時・Eternity?-Epos」が有るが、再発される気配がない。ルイ・高橋＆寺内タケシとブリージーンズのドラマーというのもあるようだ。そんな感じで、アルバム上で聴けるのはあくまでも70年代まで。その後は、私のように地方に住む者は、雑誌のライヴ情報で名前をみかけるくらいが関の山だった。だが、少ない録音で聴ける彼の演奏は、それはキレのあるもので、彼くらいのドラマーが表に出て来れないシーンの底の浅さに疑問を持っていたものだ。それは高木元輝にも言えた。そんな折、突然このアルバムが手に届いたのだった。尾山修一とケミー西丘が94年から始めた「クリエイティヴ・イン・保土ヶ谷・アット・かながわ・アートホール」というジャンルを超えた者達が集まる総合芸術のステージでは、尾山、西丘と縁の深かったジョー・水城は第１、２回目に参加している。本作は、95年のポール・ラザフォード(tb)と豊住芳三郎(ds)とCDでは分からないが、舞踏の白桃房も参加している。日本を代表するドラマーが二人そろった贅沢な演奏だ。ジョー・水城の録音はなぜか２ドラムが多い。山崎泰弘、中村達也と。単なるドラム合戦のような陳腐な演奏にはならいだろうことは、この二人なら先刻承知だ。状況判断の的確さ。全体を見渡せる演奏への洞察力。これは、ここで演奏する全員に言えること。トロンボーンの開拓者、ラザフォードが聴けるのも有り難い。残念ながらジョー・水城は97年ひとり淋しく亡くなった。（末冨）

Arthur Doyle、Takashi Mizutani、Sabu Toyozumi – Live In Japan （Qbico/1997）

Tenor Saxophone, Flute, Voice – Arthur Doyle
Artwork – Qbico
Electric Guitar – Takashi Mizutani
Drums – Sabu Toyozumi
Executive-Producer – Qbico, Roberto Castelli
Producer – Arthur Doyle
Artwork [Huichol Yarn Paintings] – Gabriel Bautista
Liner Notes – Ilya Monosov

　出版までの経緯が不透明だったので、レバノンの Fes 参加への帰路、ローマ中継地から、自称海賊の末裔といわれる Qbico 社のボスに会いにナポリを訪ねた。だが全く埒が明かない。いまだ未解決のままで、やはり海賊の末裔というのは真実なのか？
しかしながら、ココでの共演者 Guitarist の"水谷隆"との出会いは、我が人生で特筆すべきものであった。彼の"戦闘スピリッツ"と思われる姿勢は私の中では、阿部薫と"同等""同質"のものだった。山内テツ"(Bass)との Trio でリハーサルはしたのだが LIVE 実現まではならなかった。又、2011 年のヨーロッパ DUO tour を受け入れ側と条件の食い違いでキャンセルしたのは非常に残念なことだった。（豊住）

FMT:TANGO (ALAGOAS DISK/1997)

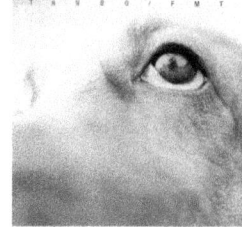

Saxophone [Sax] – Yoshiaki Fujikawa
Cello – Keiki Midorikawa
Design – Koji Ise
Drums – Sabu Toyozumi
Photography By – Ranji Eto

　藤川義明(SAX)、翠川敬基(cello)、豊住芳三郎(ds)の三人による Free Music Trio(FMT)は、第一作目が1978年 ALM よりリリースされた。そのキレとユーモアあふれる演奏は大変注目を浴び、メールス・フェスティヴァルにも出演をしたのだった。観客席を興奮の坩堝へと導いた演奏だったが、その録音がリリースされることは無かった。この時、彼らのステージと観客席の様子をつぶさに見て来た私の友人が二人いたのだった。二人とも密かにカセットテープに録音していたが、音質的にもとても未発表録音として公開出来る代物ではなかった。だが、観客席の興奮ぶりは手に取るように分かる貴重な録音ではあった。二度にわたる「ズーガーバー」の大合唱で、彼らは二度のアンコールに応えた。左様に受けた FMT ではあったが、定期的に、持続的に演奏を行っていたワケではなく、各々が自身の音楽の創造に邁進して行った。それから時は経って、1997年。突然我々の前にこの CD が現れ、驚いたのだった。私が知らなかっただけで、FMT としての演奏は継続されていたのか？

　全8曲中、藤川が2曲。翠川が4曲。豊住が2曲を作っている。三者三様の強烈な個性が強く現れた曲ばかりだし、演奏だ。ジャズは、とかく「インタープレイ云々」と書かれる。だが、彼らの演奏は「インタープレイ」と言う言葉が裸足で逃げてしまうほどのもので、ひねくれ者が三人集まった、通常の「インタープレイ」の言葉から想像出来る範疇を大きく超えていると言うべきか、逸脱していると言うべきか‥なウルトラ・ユニークな演奏なのだ。さすがは、日本音楽史上最もユーモラスで破天荒な演奏をした「ナウ・ミュージック・アンサンブル」のメンバーが二人（藤川、翠川）いるユニットだ。特にそのユニークさが出ているのが7曲目「Unfortunatly I Won't Invited You」だ。通常の「演奏」から大きく逸脱している。「フリー」さへも。三人が意味のない言葉、わめき声、演奏とも言えぬ騒音をまき散らす。それが9分28秒にわたって続く。聴く方も眉間に皺を寄せて聴く必要はない。大いに笑うべし。Laugh is impotant!（末冨）

「オツベルと象　宮沢賢治没後50年記念シリーズ4」（ものがたり文化の会 1998）

原作　宮沢賢治
英訳　C.W.ニコル　谷川 雁
語り　城山知馨夫　Ken Frankel
音楽　佐藤允彦(synth,el-p,p)
鈴木重男 (ss,b-cl), 宮崎明生 (ss), 中川昌三 (ss,piccolo)
宮本 一 (synth,el-p,p), パネ・フェビアン・レザ (synth,el-p,p)
井野信義 (b), 豊住芳三郎 (ds), 佐藤康和 (perc)
制作　ものがたり文化の会　谷川 雁
録音　サウンド・シティ
CD マスタリング　音響ハウス　表紙絵　菅 木志雄

Talk to the Spirit from the Spirit! (MAY 2nd/1999)

Saxophone, Percussion, Producer – Shuichi Oyama
Piano – Kemmy Nishioka
Drums, Percussion – Sabu Toyozumi
Voice [Poetry Reading] – Kazuko Shiraishi
Recorded By – Seiryo Maeda
Engineer [Sound] – Kiyotoshi Nakamura
Mastered By – Masamitsu Miyazawa
Art Direction, Design – Yukio Hozumi
Photography By – Hideo Mori

　これは、ケミー西丘と尾山修一が毎年開催していた音楽だけではなく美術、舞踏等も巻き込んだトータル・アート・パフォーマンスのイベント「クリエイティヴ・イン・保土ヶ谷」の、1999年の記録。この回は詩人・白石かずこを中心としたステージだった。そこに予定していなかた者が舞はじめた。なんとそれは大野一雄だったのだ。客席から飛び入りで上がって踊り始めたというのだから凄い。そうせざるをえない気分にさせられる尋常ならざる空気が会場に流れていたとしか思えない。

　ステージ上はケミー西丘(p)、尾山修一(sax)、豊住芳三郎(ds)と白装束を纏い巫女となった白石かずこ。CDでは見ることは出来ないのが残念だが、森日出男の写真が写しだされていた。CDは、まずp,sax,dsのトリオから始まる。ケミー西丘の透明感のあるピアノに尾山が絡んだり主導権を握ったり。豊住は独特な間合いでもってキレのあるドラミングを披露する。

　さてこれからは白石かずこの登場だ。「港のメリー」では、ケミー西丘の弾く「ドンキー・セレナーデ」に、白石は「メリー、聞こえる？」と返す。そこからは一気に白石の世界が始まる。横浜の娼婦メリーの人生を謳った追悼詩と言える物語にケミー西丘は「青い目」「葬送」「エリーゼのために」でもって背景を作って行く。「コルトレーンに捧ぐ」では、尾山がコルトレーンの「スピリチュアル」を引用しては、あの時代に我々を引きずり込んで行く。燃えるようにではなく、淡々と。ここでDisk-1は終わる。

　Disk-2は、豊住のソロから始まり、「沙漠」へと続く。豊住のマレットが効果的だ。「ロバの貴重な涙」「日照りつづき」「カリマンタンの野豚」「シティザィノン貴方は何を見たのですか？」は詩にパーカッションがサポート。「ピョンピョン兎」はピアノがサポートする。「My Tokyo」は、長編詩。ここでは全員が加わる。段ボールの箱には2枚のCDと共に詩集も納められている。（末冨）

Paul Rutherford、豊住芳三郎:THE CONSIENCE
(No Business /1999)

Trombone – Paul Rutherford
Drums – Sabu Toyozumi
Producer – Danas Mikailionis, Takeo Suetomi
Co-producer – Valerij Anosov
Coordinator [Release Coordinator] – Kenny Inaoka
Design – Oskaras Anosovas
Liner Notes – Sadamu Hisada
Liner Notes [Translation (English)] – Kenny Inaoka
Mastered By – Arūnas Zujus
Photography By, Producer [Concert Produced By] – Sadamu Hisada
Recorded By – Ryuji Enokida

　本録音は 1999 年、愛知県常滑のカフェ・ジャンボで録音された、豊住氏とトロンボーン奏者のポール・ラザフォード氏とのデュオによるライブである。開始は、互いに探り合いながら、音が絶えることがないよう無音という隙間を埋めている印象だ。未だ主導権はどちらにもない。己に創発的に生じた音像をアウトプットしつつ、相互志向的でありながら、しかしそれはもはや対話ではない方向へとシフトしていく。ひとつの総合されたひとつの大きな音楽的な流れなのであり、一度両者の意識がそこに総合されると、音楽そのものが自律性をもってくる。一度音楽がそうした状態になってしまえば、もはや相互を志向するディアローグでなくして、音楽は厳密に言ってエクリチュール的な音楽のものに劣らぬ緻密性、一貫性、複雑性を帯びてくるのである。

　豊住氏のパーカッションは、非常にソリッドでストイックである、と思う。それは思いもかけぬ音の現象を楽しんでいるというよりは、リアルタイムでその場で演奏可能な音をひたすら学求しているようだ。ラザフォード氏のトロンボーンは、それに対し、どこか夢想の世界を散策しているかのような、自由闊達な趣がある。とはいえ、もちろんそれは総合的な音楽の流れから逸脱したりはしない。打楽器と言えば、人声と並んで、最もプリミティブな音楽的アウトプットだ、というのが定説であろう。打楽器は離散的、人声は連続的という差異はあるが(もちろん拡張された現代の奏法にあってはこの差異による区分はもはや失効している)。トラック 2 に顕著なのだが、どんなにリズムがノンリズムから一定のビートにきわめて自然に移行しようとも、それはプリミティブな血の高揚というよりは、やはり厳しい眼差しのもと統制された音の規定の一部である、という印象を受ける。ノンリズム一辺倒というわけでもない。

　トラック 4 の長大なソロでは、明確に聴きとれるパターンをその場で作るのだが、それは反復されるたびに差異を伴っている。そしていつのまにか別のパターンへと移行しているのである。ここでは明確な輪郭を持たないパターンからパターンへの連続性のなかで、明確に構成的かつ直観的な音楽的起伏が認められる。その起伏形成の大部分を豊住氏がリードしている。パーカッションのもつ強度に、ラザフォード氏は無関心であり、かつ十分な尊重を示す。ラザフォード氏はやはり独り夢の中にいるかのような、取り留めないがそれでいて音楽的な断片を奏すが、それが可能なのは、音楽的な芯の部分、音楽的タイムラインの強い一貫性を、豊住氏に全面的に担保しているからなのだ。だから、全体の音像の充実度の割合が常に一定水準にあるように適切に音(というよりむしろ音の性格)を選ぶことを忘れない。極めて充実した一枚であり、巨匠同士のそれぞれ異質な音楽の高度な総合が堪能できる。(織田)

Joseph Jarman, Kemmy Nishioka, Sabu Toyozumi, Shuichi Oyama : 方丈の庵（MAY 2nd/2000）

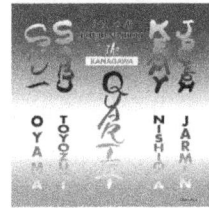

Design - Sabu Toyozumi
Drums, Percussion - Sabu Toyozumi
Engineer - Seiryo Maeda
Liner Notes - Joseph Jarman, Sabu Toyozumi
Mastered By - Masamitu Miyazawa
Oboe, Flute, Soprano Saxophone, Alto Saxophone, Horn [Klaxon], Bells - Joseph Jarman
Photography By - Hideo Mori
Piano, Bells - Kemmy Nisioka
Soprano Saxophone, Tenor Saxophone, Baritone Saxophone, Percussion, Whistle - Shuichi Oyama

　ジョセフ・ジャーマンと豊住芳三郎の付き合いは、71年の豊住のシカゴ滞在の時から始まった。ジャーマンは、仏教であり、合気道の師範（五段の腕前！）でもある。アート・アンサンブル・オブ・シカゴのメンバーとしての華々しい来日以外にも、結構日本の地を踏んでいる。各地で豊住芳三郎とのデュオ・ライヴを行っていた。本作は、2000年7月、神奈川アート・ホールで収録された。ジョセフ・ジャーマン(oboe,fl,as,ss,klaxon,bell)、尾山修一(ss,ts,bs,hand-made perc,bird-whistle)、ケミー・西丘(p,toy bells)、豊住芳三郎(ds,perc)、「The KANAGAWA QUARTET」と名付けられた4人による演奏が、12曲収録されている。短いものは2分台。長くても6分台。おそらく実際の演奏は長尺の演奏だったと思う。それを後で編集して12個に分割し、タイトルを付けたのであろう。これだけ分けられる程に演奏は刻々と多面的に展開して行ったのだ。ジャーマンと尾山は、それぞれが色んな楽器を持ちかえるので、曲毎に様々な表情を見せる。そこに絡む西丘のピアノと豊住のドラムも一人の演奏家の表現とは思えない程の多才な顔を見せる。豊住は、基本的にはドラムのセットがシンプルに置いてあるだけなのに、ここでの彼の演奏は、聴き手の頭の中には、あのドラムの姿が浮かんで来ないことも多々あるほど。いわゆるドラマーの枠を超えている演奏だが、姿はドラマーなのだ。豊住の演奏が曲の枠組み、背景を大きく形作っている場合が結構多い。尾山がテナーやバリトン・サックスを吹くこともあろうが、ジャーマンは、主に高音域を扱う楽器を多用している。オーボエは大きな筆蕙のようでもあるし、フルートは篠笛、能管、尺八を思わせる音を響かせる。アルバム・タイトルは、豊住が「いつかはこんなところに住みたい。」と願っている「方丈の庵」だ。ここで聴ける音楽は、それ自体は方丈庵かもしれないが、そのまわりは広い豊かな自然が取り囲む。その真ん中に庵は建っている。そんなイメージが浮かんでくる。（末冨）

片山広明、石渡明廣、不破大輔、豊住芳三郎 : fiction (Studio Wee/1998)

片山広明 (ts)
石渡明廣 (g)
不破大輔 (b)
豊住芳三郎 (ds)

　1998年8月、江古田のBuddyに、四人のいかにも日本を代表する"濃い"ミュージシャンが集結。一升瓶を足元に置きながらテナー・サックスを吹き倒す片山広明。今や「渋さ知らズ」総帥として世界をお祭りの舞台にしてしまうベーシスト・不破大輔。世界を股にかけて歩き回り、その名を轟かすSabuこと、豊住芳三郎。渋谷毅、林栄一、片山広明等々の中央線界隈が似合うジャズ（私個人の勝手なイメージです）の隣に必ずいるギターリスト。しかし、ジャズ・ギターリストなのに、その音はジャズ・ギターしていない異物混入系？の石渡明廣。そんな4人の34分あまりの長尺の演奏と、不破とSabuの7、8分あまりの曲を2曲収録。1曲目の「Improvised Air」と題された演奏は、片山の「Night」と、豊住の「Fの笛」と「Tattatta」の3曲が演奏されているようだ。組曲のようにガラリと演奏が変わり、フリー・ジャズ然としたハードな演奏から、オンビートな豊住の普段の演奏ではあまり聴くことのないリズムのはっきりとした演奏が混ざっている。不破のベースは、ビートがあっても無くてもぶっとくて強靭。片山のサックスも、いかにもテナー・サックスなブイブイと言う表現が似合う演奏で、ド・フリーからRCサクセッションで聞かせた歌心溢れる演奏までと多芸多才ぶりを見せてくれる。石渡のギターが、時に浮遊感も見せるエレクトリック・ギターな音？で、彼のギターが現れると、空気が変わる。このアルバム全体で、豊住のドラム・ソロがたくさん聴けるのだが、いつものインプロでの彼の演奏とは違って、グループでの演奏の奏で途中挟まれるいかにもな「ドラム・ソロ」を演奏しているのが面白い。TPOに合わせると言うことか。これも、豊住の演奏の幅の広さを物語るものだ。2曲目は不破作曲のブルース。3曲目は、豊住作曲の徐々にゆっくりと盛り上がって行く曲。おやじ4人のポートレイト入り！？（末冨）

豊住芳三郎、八木橋司、佐藤行衛 - Seoul Subway Live (2001)
（韓国ソウル地下鉄構内 Live）

Alto Saxophone - 八木橋司
Guitar - 佐藤行衛
韓太鼓, Voice, 竹胡 - 豊住芳三郎
Photography By - Kouichiro Yamamoto

Sabu in hum ha By Kenny Millions (Ham Ha 2001〜2002)

マイアミ在住の Kenny Millions は日本人の奥さんと寿司屋を経営してまして、店での LIVE に2度呼ばれました。大きい音量で大繁盛してます。9。11 の次の月は飛行機は安く、乗客も少々、しかしキューバに近いのが楽しみの一つでした。
彼と佐渡・鬼太鼓座主催[四か国 JAZZ 大会]にハン・ベニンク、ロシアのセルゲイクリュウヒンと出演しました。これは夏の静養に来島したロシアキエフの子供たちへのへのチャリテイーコンサートでした。横浜"伊勢屋"での彼とベニンクと2メートルの大男2人に挟まれての Trio Live が楽しい思い出です。

林栄一、大友良英、豊住芳三郎:The Crushed Pellet
(Studio Wee/2003)

Alto Saxophone, Soprano Saxophone – Eiichi Hayashi
Design – Tomoo Maruono
Drums, Percussion, Erhu – Sabu Toyozumi
Engineer – Shinji Kawase
Guitar, Turntables, Waterphone, Performer [SmallObjects] – Otomo Yoshihide
Liner Notes [Translation] – Corene Cook
Mastered By – Hiroshi Shiota
Producer – Hiroaki Wakiya

　林栄一、大友良英、豊住芳三郎と、日本即興界の三世代に渡る三者の初めてトリオ演奏が収録されている。林栄一と豊住は、60年代末に山下洋輔のセッションでは何度か顔を合せている。だが、その後も編成の大きなセッションなどのメンバーとして時々共演する程度だった。豊住と大友とは、この録音の前月が初めてのデュオだったくらいだ。林と大友に至ってはこの録音が初めて。一体どういった経緯でこの録音が決められたのかは分からいが、こうしたやってみなければ分からないような企画を思い付くのは、普段から即興のステージや録音を企てているプロデューサーあってのことだ。思い付くのと実行してしまう事の間は相当な距離があるものだ。こうして実行された事に感謝するしかない。聴く側も、聴くまでに自分で空想をし、実際聴いてからの違いを楽しんだりするものだ。
　さて、この三人、手は合うのか？　豊住がどっちにも対応出来る事は先刻承知。だが、大友と林？かみ合うのか、はたまた破綻してしまうのか。恐る恐るCDプレーヤーのスタートを押す。想像していたよりもジャズから離れる事の出来る林と、そんな林にターンテーブルで挑む大友にも喝采を送りたいし、これに見事答える林にも喝采。豊住は、どうにでも出来る懐の深さがある。いや、この三人全員にある。このような演奏をセッティングしリリースしたプロデューサー氏にも感謝。（末冨）

Sabu Toyozumi:Sublimation (Bishop Records/2004)

Alto Saxophone, Soprano Saxophone – Iizuka Satoshi
Contrabass – Kawasaki Jun
Directed By – Kondo Hideaki
Drums, Percussion – Sabu Toyozumi
Guitar – Kondo Hideaki
Mastered By – Isamu Hanashima
Photography – Tanikawa Yuko
Producer – Kondo Hideaki
Recorded By – Isamu Hanashima

　これは、豊住芳三郎の単独リーダー作とすれば、79年に ALM からリリースされた「マスターピース」以来、何と25年ぶりのアルバムになる。とは、言うもののそれは彼のユニットとしての話で、その間ワダダ・レオ・スミス、ジョセフ・ジャーマン、ポール・ラザフォード、藤川義明、翠川敬基、灰野敬二、バール・フィリップス等々と何作ものリリースがあった事を無視する訳にはいかない。さて、本作は当時若手のミュージシャン達によって組織された EXIAS-Jとの共同作業によって生まれたアルバムだ。

　豊住と彼らは、国内外のツアーで、それまで足かけ3年の経験を積んでいた。単にこの機会に集まってセッションを行いましたと言う安易な（即興演奏の場合、逆にこれが何かの発火点に火を付ける場合も起こるので、一概に批判は出来ないのだが）レコーディングではない。豊住の他は、EXIAS-J の中心的存在の近藤秀秋（gut guitar）。エレクトリック・ギターでは激しい演奏を聴かせる彼だが、ここではガット・ギターに専念している。

　このガット・ギターだけを使ったところにこのレコーディングの特徴が窺い知れるところだ。飯塚知（as,ss）彼は62年生まれの土岐英史に師事し、ジャズからフリー・インプロヴィゼイションに参入して来た実力派。河崎純（b）は、豊住と同じく日本フリー・ジャズ、フリー・インプロヴィゼイションを最先端で開拓して来た吉沢元治に師事した作曲家としても優れた素質を持っている。

　全5曲、時に爆発的瞬間もあるが、全体的に静的な演奏が続く。「フリー・ジャズ・ドラマー・豊住芳三郎」と言った紋切型の文句を想像すると、聴いて泡を吹く事になろう。カルテットの4人全員が、上空から見下ろして、全体を俯瞰しながら演奏している様が見える。繊細にして強靭な演奏で、即興演奏の究極の姿がここに現出。高度な技量と洞察力を持っているからこその演奏だ。（末冨）

散華楽～Creative in Hodogaya Vol.11 (MAY 2nd/2004)

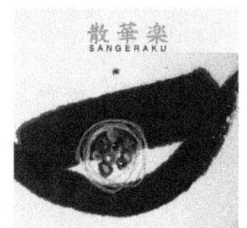

Saxophone, Percussion [Hand-made] – Shuichi Oyama
Acoustic Guitar – John Russell
Piano, Toy [Bell-tree] – Kemmy Nishioka
Drums, Percussion – Sabu Toyozumi
Percussion, Marimba – Osamu Nomura
Other [Dance-song] – Nobuhiko Naruse
Producer – Katoh Yumiko
Directed By – Shuichi Oyama
Recorded By, Mixed By – Harumi Hayashi
Design – Machiko Kitayama, Osamu Nomura
Illustration [Sumiwork] – Machiko Kitayama
Photography By – Reishi Eguma

　尾山修一とケミー・西丘が主宰する「クリエイティヴ・イン・保土ヶ谷・アット・かながわ・アート・ホール」の2004年の第11回目は、イギリスからデレク・ベイリー以降では屈指のギターリスト、John Russell/ジョン・ラッセルを迎えての公演だった。共演するのは、尾山修一(sax,hand-made perc)、ケミー・西丘(p,bell-tree,etc)、豊住芳三郎(ds,perc)、野村修(marimba,perc)、北山満智子(墨絵)、成瀬信彦(舞踏)。いつものように、音楽、舞踏、美術を含めたトータル・アートのステージだ。CDでは、北山の作品の一部が掲載されている。これは、ステージ上で、演奏やダンスとの共演で描かれたもの。残念ながら、いつものように舞踏やダンスはCDでは窺い知ることが出来ないのは残念。ここでは、演奏がMassになることは少なくて、弱音を大事に間を活かした空間的な演奏が続く。空間を大きな、そして大量の音で埋めるような飽和状態にすることは意識的に避けているようだ。厳しくも優しい音の数々。11回目の「クリエイティヴ・イン・保土ヶ谷」のテーマは、「音を観よう 墨を聴こう」だった。アルバム・タイトルとなった言葉「散華楽」がいい。ラッセルの弦をまさに弾く(はじく)、かき鳴らす演奏と、それに絡みつく尾山、西丘、豊住、野村の演奏も、まさに色鮮やかな花びらの数々を散らして歩くが如し。頭上からもヒラヒラと花びらが落ちてくる。45分と32分あまりの長尺の演奏(おそらくノーカットで、無編集だろう)は、木々の花咲く花散る丘を散策の途中の景色や天候の移り変わりを模した気分になる。ポカポカ陽気かと思えば驟雨にも会う。これは標題音楽ではなく、その逆を行く演奏なんだが、アルバム・タイトルや曲名につけられた言葉・単語、そしてジャケット・デザイン、墨絵を眺めていると、こんな風景が頭に浮かんで来たのだった。音だけの配信と違い、アート・ワークも含めたアルバム制作では、音楽以外での情報が聴き手に作用するものだ。(末冨)

Sabu Toyozumi/EXIAS-J:Son's Scapegoat (SIWA/2005)

Electric Guitar – Kondo Hideaki, Tanikawa Takuo
Contrabass – Kawasaki Jun
Drums – Sabu Toyozumi
Electronics [Live] – Miyazaki Tetsuya
Engineer [Assistant] – Imazeki Kunihiro
Piano – Kanda Shin-Ichiro
Producer – Alan Sherry
Recorded By, Mixed By, Mastered By – Hanashima Isamu
Coordinator [Recording Coordinator] – Tamura Hiroshi
Directed By – Kondo Hideaki

　本作は、SIWAから「豊住芳三郎とEXIAS-Jの共演作を」との依頼からリリースが実現した。ちょうどその頃、EXIAS-Jはダンス・映像・音楽による作品の創作にとりかかっていたところで、そこに豊住も加わっていたのだった。このプロジェクト・作品は、ロシア、リトアニア公演として披露されることになる。ここでの成果は、リーダーである近藤秀秋の理念の多くを具体化出来た。この公演の音楽のパートのハイライトを用いてアルバム化する案が出たが、録音状態に難があって実現に至らなかったようだ。そして、それはスタジオでのレコーディングへとなって行った。だが、問題が起こる。これら一連の演奏はElectric Conception(02,03年と2枚のCDが、このコンセプトの元リリースされている。"avant-garde"と"balance of chaos")と呼ばれるものだが、それはスタジオの環境では表現しにくいものだった。「音の統合と分離の境界域の現象」と近藤が呼ぶ響きを軸に展開する創作技法はここでは実現は困難と判断したようだ。近藤の理念が実際にはどう言うものなのかは、その現場に立ち会う事が困難な我々には判断しづらい。聴き手は、このアルバムに収められた音楽・演奏を受け取るしかない。さて、受け取った側とすれば、ここでの演奏は、現代の即興演奏の理想的な形を提示してくれたと喝采を送りたい気分だ。豊住の前作「Sublimation」を静とすれば、こちらは動。近藤と谷川卓生のエレクトリック・ギター。神田晋一郎の強靭かつ繊細なピアノ。宮崎哲也のライヴ・エレクトロニクス。河崎純のベース。ゲストで、入間川正美のチェロ。狩俣道夫のサックスとフルート。浅井祐一のトロンボーンも曲によって加わる。そしてなにより、豊住芳三郎だ。エレクトリックでノイジーな音響の渦の中心に構えて、ある時は攻撃的に、ある時は繊細に、全体像を把握しながらサウンド・デザインを描いて行く。彼は、高柳昌行・ニュー・ディレクションとして演奏した日々を思い出したのではないだろうか。(末冨)

Sabu Toyozumi : Kosaiyujo (improvising beings/2010.11)

Artwork – Kris Vanderstraeten
Cover – Sabu Toyozumi
Drums, Percussion, Erhu – Sabu Toyozumi
Edited By, Mixed By – Julien Palomo
Photography By – Pat Lugo
Producer [For Improvising Beings] – Aurélie Gerlach, Julien Palomo
Producer [For Inaudible] – Jean-Michel van Schouwburg
Recorded By – Pascal Marzan, Michaël W.Huon, Ove Volquartz

「kosaiyujo」一体どういう言葉だ？意味だ？といぶかていたら、日本語の「交際」と「友情」と分かり、なんだかこっちが照れくさくなったが、これは本作でも共演し、アルバム制作に深く関わったベルギーのヴォイス・パフォーマーJean-Michel Van Schouwburg が付けたそうなのだ。2010年と11年豊住はヨーロッパ・ツアーを敢行。本作は10年からブラッセルとパリの録音から、11年はブラッセルとホーフガイスマルの録音から構成された2枚組。共にCD収録限界ギリギリまで収められている。John Russell(g)、Van Schouwburg(voice)以外は正直言って初めて聞く名前だし演奏だった。ヨーロッパは即興演奏が一つのジャンルとして定着しているように思える。ラジオ放送でそんな番組があるくらいだから、人材も豊富なのだろう。

　CD2の4曲目、豊住と Ove Volquartz(ss,b-cl,contra-Bass-cl,fl)と Peer Schlechta(pipe-org)のトリオは教会の中での演奏だった。豊住の演奏は二胡。この1曲だけで45分くらいになる。長尺の演奏なれど、ダレることなく一気に聴ける名演。パイプオルガンが全体の通奏低音を受け持ち（もちろんそれに終わるはずもなく）、その上を二胡とリード楽器が自由に泳ぐ。驚くのは、豊住の二胡の演奏で、ドラマー豊住しか知らない人は、もういちどジャケットのクレジットを見てしまうだろう。教会の自然な響きが二胡の音をより豊かに響かせる。いわゆる二胡の技巧を屈指した名人芸とは違う。だが、人を引き付けるどころか、引きこんでしまう演奏になっている。Volquartz のリードも聴きものだ。

　この録音を軸に、Van Schouwburg とパリのギターリスト Pascal Marzan の所有する録音から選ばれて2枚組に編集されたのだった。他はデュオ、トリオ、カルテット、8人編成までと、楽器もヴァラエティーにとんだもので、そこで演奏される音楽も、どれも完全即興なれど、色々な表情を見せてくれる。ピパ奏者 Luo Chao Yun が中国から馳せ参じた1曲目は、kris Vanderstraeten 以外の7人は豊住の二胡を含めみんな弦楽器のアンサンブル。豊住は、9曲中4曲二胡を弾いている。（末冨）

Long Story Short Curated By Peter Brötzmann (Trost Records/2011)

Compilation Producer – Konstantin Drobil
 – Peter Brötzmann, Peter Neuhauser
Drums – Sabu Toyozumi
Edited By Artwork, Design, Supervised By [Curated By] – Peter Brötzmann
Design [Additional] – Gerald Waibel
Liner Notes – Markus Müller (7), Wolfgang Wasserbauer
Mastered By – Martin Siewert
Photography By – Peter Gannushkin, Ziga Koritnik
Recorded By [All Live Recordings], Mixed By – Manuel Mitterhuber

　これは、ペーター・ブロッツマンをキューレーターに迎えたオーストリア、ヴェルスで2011年11月3～6日にかけて開催された Unlimited Festival から収録されたCD5枚を収納したBOXセット。選ばれたミュージシャンからカヴァー・デザインまで含めて、丸ごとブロッツマン！と言った、ファンにはこたえられないBOXセットになっている。シカゴ・テンテットにジョン・チカイが加わっていたり、ヴァンダー・マーク、マツ・グスタフソンとのサックス・トリオの大暴れがあったり（ブロッツマンが加わればみんな大暴れになってしまうか‥）、シカゴ・テンテットに八木美知依(箏)が加わった「Concrt For Fukushima」も演奏されている。
　ブロッツマンと佐藤允彦、森山威男のトリオや、ブロッツマン、Jason Adasiewicz(vib)&豊住芳三郎(ds)(このトリオは中国ツアーもしている。)そして八木美知依、ブロッツマン＆本田珠也(ds)が聴けるのも嬉しいまた、ブロッツマンが参加していない演奏も含まれている。佐藤允彦のソロ。灰野敬二のソロ。八木美知依、Okkyung Lee(cello)、Xu Fengxia(Guzheng)のトリオが聴ける。エネルギー・ミュージックの権化ブロッツマンとここに集ったミュージシャン達の演奏の数々を聴いていると、世界中の様々なミュージシャン達に彼の音楽が受け入れられ、尊敬を集めているのが分かる。正に時代を作った者の偉大さが集積されたBOXセットだ。それに現在進行形なのがいい。(末冨)

Abdelhai Bennani Trio:The Sundance 2 (JaZt TAPES/2012)

Cover, Producer – Jan Ström
Drums, Percussion, Erhu – Sabu Toyozumi
Recorded By, Mixed By, Mastered By – Benjamin Duboc
Tenor Saxophone – Abdelhaï Bennani
Trumpet, Flugelhorn, Flute – Itaru Oki

　Abdelhai Bennani(アブデル・ベナーニと読むのか？)は、1950年モロッコ生まれのテナー・サックス奏者。15年に亡くなっているようだ。モロッコから渡仏し、アラン・シルヴァらと共演していた。Ayler, Improvised Being,これをリリースした JaZt TAPES にアルバムは多い。彼のサックスの演奏を聴いていると、晩年の高木元輝を思い出す。テナー・サックスと言えば、アルバート・アイラー、アーチー・シェップ、デヴィッド・マレイらの馬力のあるタフな演奏を思い浮かべる。高木元輝も若い頃の演奏は激烈な音を出していたものだった。
　80年代以降の高木は大きく演奏スタイルを変えて、感情を爆発させることなくぐっと押さえた厳しい表現になった。Bennani は、そんな高木元輝を相当に意識していたのではなかろうか。そんな演奏なのだ。だが、高木の持つ厳しさが彼の音には少々欠けているように感じるのは残念だ。
　本作は、2012年パリの Babilo で行われた、沖至と豊住芳三郎とのトリオ演奏が収録されている。沖至のトランペットからも、絞り出すかのようなノイジーな、(とは言ってもノイズ・ミュージックのようなあの爆音ではなくて) 音が放たれる。時にメロディアスで柔らかな表情にもなる。豊住も、どこか一体ドラム奏者なんだろうと思わせるような演奏で、「フリー・ジャズ・ドラマー」は封印。彼の近年のトレードマークにもなっている二胡も登場する。三人が顔を突き合わせてブツブツと何やら会話をしているかのよう。(末冨)

Sabu Toyozumi, Jean Michel Van Schouwburg, LucBouquet:Rustrel&Paluds (Setla Di Maiale/2012)

Vo-Jean Michel Van Schouwburg
Percussion-Sabu Toyozumi
Ds-Luc Bouquet

　Jean Michel Van Schouwburgは、ベルギーのヴォイス。豊住との共演は、「交際/友情」(Improvised Beings)で2曲聴くことが出来る。本作は、12年豊住が渡欧した折の、南仏プロヴァンスでのライヴ録音。この時10名程と共演したが、CDにはVan Schouwburgとのデュオが主。共演のVan Schouwburgのヴォイス・パフォーマンスは、声とのどの限界に挑戦するもので、のどの奥底が見えるような表現も行う。かと思えばささやくような繊細な表現もある。
　ヴォイスという「楽器」は、あらゆる楽器の中で、最も表現が多彩で、変化に富む。意味を持つ「言葉」も混入すればその表現域は正に無限大だ。豊住は、そこに限定的なドラムというシンプルな楽器だけ(最近は二胡がそこに含まれる)で挑む。豊住は、あくまで「ドラマー」であり続けて来た。「パーカッショニスト」として、ドラムの周りに色々な打楽器を積み上げ、アクロバットよろしく叩きまくるような道をあえて選ばなかった。ドラムに限定して、それでどこまで出来るのか。表現出来るのか。私は、彼の演奏から楽器の不足など一度も感じたことはない。
　豊住の演奏で最も不思議に思われるのが、とにかくパターンを繰り返すことがない。スピーディーでハードな演奏の時でもそれは変わらない。演奏の先をすでに分かっているかのごとく、相手の姿を見ることも無く、目配せすらないのに、瞬間に演奏の方向が変わるのだ。以心伝心とはこのことか。それは、このVan Schouwburgとのデュオでも同じく。Van Schouwburgのヴォイスも豊住の演奏と互角に勝負を挑む。対応の早さ、変化にとんだ声(のどの奥底が見えるようなと言ってもよいところも)。男性のヴォイス・パフォーマーは極端に少ないので貴重であり重要な一人だ。尚、1曲だけ地元のドラマー、Luc Bouquetが加わる。コンサートが終わってパリに帰る途中、ミッシェル・ドネダとも共演をしている。(末冨)

JAZZ 非常階段；Made In Japan (doubt music/2012)

Alto Saxophone [Alto Sax] – Akira Sakata
Design [Designed By] – Satoshi Suzuki
Drums – Sabu Toyozumi
Electronics – Fumio Kosakai, T.Mikawa
Guitar – Jojo Hiroshige
Liner Notes – Jun Numata, Yasumichi Noma
Liner Notes [English Translated By] – Cathy Fishman
Mixed By, Mastered By – Yoshiaki Kondoh
Photography By [All Photos By] – Ujin Matsuo
Producer [Produced By] – Jojo Hiroshige, Jun Numata
Recorded By – Yasuo Fujimura
Recorded By [Audience Recorded By] – Fumio Kosakai, Kanji Suzuki
Voice – Junko

　日本のフリー・ジャズ第一世代の豊住芳三郎と坂田明に、これこそ日本オリジナルと言ってよい元祖ノイズの非常階段が、JAZZの聖地・新宿 PIT INN で合体してしまったライヴのセカンド・セットが丸ごと収録されたアルバム。正直言って、フリー・ジャズも型がある。ノイズですら発生して35年は経っている。こちらも、無いようで型は存在する。とは言え両方共総体とすれば「型」はあると言えるが、個々を見れば「一人ヒト・ジャンル」と言ってもいいくらいの個性を持つ。持たない者は瞬間消えて行かざるを得ない厳しい「ジャンル」でもある。そろそろ両者袋小路に入らんとする時期とも見受けられる現在だ。
　方やジャズのフィールドの専売特許だったのが、あれやこれやと周辺からの参入もあって「インプロヴァイズド・ミュージック」と呼ばれ出し、妙にソフィスティケイテッド・レディーになっちまって、牙を抜かれた"即興"になって行った。方や、せっせと試行錯誤してエレクトロニクスを自作していたりして個性的な音を作り上げていっていたノイズも、安価な市販品の登場により音も個性もだんだんと均質化して来てしまった。だが、"元祖"（非常階段だけじゃないけど）の持つオリジナリティー＆パワーは"均質化"のはるか上に存在する。
　フリー・ジャズの巨塔の二人も同じく。そんな7人が壮絶なバトルを35分間ぶちかます。フリー・ジャズの巨塔二人の年齢を考えると正直「大丈夫ですか？」と途中言いそうになるが、なんのなんのブッちぎりの疾走だ。フリー・ジャズとノイズの"邂逅"などと言う生易しいシロモノではない。ジャズ側から見ると「ノイズは自分の音をコントロールしていないからダメ。」と批判する。人間がコントロールしきれない音だから面白いとは考えてくれない。彼らの耳と意識の限界だ。ノイズ側からフリージャズを見れば「パワーが無い。」となる。だが、ここではそんな批判はどこかに吹っ飛んでしまうだろう。（末冨）

Sabu Toyozumi, Claudia Cervenca, Jean-Michiel van Schouwburg
Forestry Comrade (ChapChap Records/2012,2015)

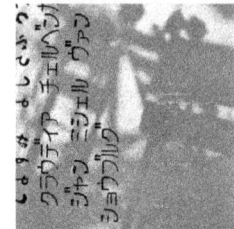

Drums, 二胡 - Sabu Toyozumi
Voice - Claudia Cervenca, Jean-Michel van Schouwburg
Produce-Takeo Suetomi
Recorded By, Mixed By, Mastered By - Iztok Zupan

1曲目の The Cave Between The Woods(Sabu Toyozumi/Claudia Cervenca)はのっけから二胡とタンギングのミニマル的で現代的なサウンドに引き込まれる。背面にありながら空間を支配する二胡。Cervenca の決してエクストリームではない、柔らかくも緊張感あるヴォイス。それは、互いに音楽表現の極北を目指すというより、一つの遊び心ある(もちろん非常に高いレベルでの)セッションのようだ。それにしても、二胡のまるで西洋弦楽器の超高音を掻き鳴らすときのような奏法(及び予測不可能なグリッサンド奏法)、それに乗じて緊迫感を高める Cervenca の Voice は、対決、対話というよりは合唱に近いまでに一体化している。ドラムが入ってくる。民族性を媒介しつつなおも深く、プリミティブな次元から発せられるかのような音は、同時に、二胡の方でもヴォイスの方でもバリエーションを増してゆく。Sabu のパーカッションはトリガーだ。音数は極めて切り詰められているが、その強烈な一打やセリーでもって、音楽の流れを激変させる。Cervenca は言葉とも音ともつかぬ、また分節とも非分節ともつかぬヴォイスでもって、ヴォイスという概念自体の解体をも試みているかのようだ。ドラムが支配的になる中盤からのクライマックスでは、音楽は初めてはっきりした輪郭を見せる。リズムは明快で、Cervenca はそれまでの柔らかな声質を一変させる。途中 Sabu のパーカッションの長いソロがあるが、そこで一声をも発しなかった Cervenca の即興的感覚・直感は見事というほかない。一瞬たりとも弛緩のない 35 分にわたる見事なパフォーマンスである。

　2曲目の Help You Beach The Boat(Sabu Toyozumi/Jean-Michel van Schouwburg)は対照的に、軽々としたパーカッションと van Schouwburg の背後に位置しつつも獣声のような咆哮とで開始する Help You Beach The Boat は、1 曲目がまだ音による詩であったことを確認させるに十分である。半ば本能的に発せられる van Schouwburg のヴォイスは、何かに憑かれた様でもあり、Sabu はそれに対決も挑まないし、伴奏に徹するわけでもない。厳密に同じ音楽的立ち位置にある両者が、己の音楽を並行して鳴らしているようで、こちらも1トラック目とは全く別の意味で、対話というよりは合奏という印象を受ける。van Schouwburg のヴォイスは、美しい旋律的な発声から、囁き、意味を持たない念仏のような音の分節の遊び、そしてそれらの急激で予測不可能な交代・同時に至るまで幅広いのだが、男声ということでもう少しシャウト・ガテラル・スクリーム等の表現があっても良いのでは、という印象はあった。Sabu もどちらかというと終始淡々と叩いており、音によるダイナミズムを期待するというよりは、細やかかつ微妙なニュアンスによる遊びを愉しむトラックと言えよう。(織田理史)

谷川卓生：Music For Contemporary Kagra (improvising beings/2012)

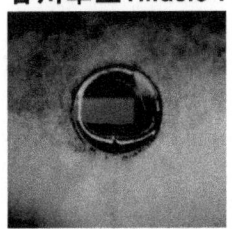

　谷川卓生は、1969年生まれのギタリスト。ケルン音楽大学卒業。在学中から当地で演奏活動を行っていた。2001年 EXIAS-J に参加。本作は、2005年人形師・岡本芳一と音楽を受け持った谷川卓生の共同制作による舞台「人形神楽」に使われた音源から編集された。舞台では、演奏はライヴで行われた。神楽の始まりは、天照大神が隠れた天磐屋の前で、天宇受売命(あめのうずめのみこと)が舞った事が最初とされる。つまりこれは人を(この舞台の場合は、観客)楽しませる、共感を得る為の舞台ではなく、神事としての色が濃い舞台なのだと分かる。谷川は「演目の対象はあくまでも神であり、アーティストが忘我の境地で神の憑代となって歌舞するもの」と述べている。
　さて、ここでの演奏だが、谷川のエレクトリック・ギターを中心とした演奏なのだが、最初はとてもこれがギターとは思えないサウンドが鳴り出す。まるで琵琶でも聴いているようだ。これは、ギターのチューニングを4,5度も落として演奏し、作り上げたものらしい。邦楽器特有のゆりやさわりをギターで表現するべくたどり着いた谷川ならではの技法だ。前半は、川崎純のベースが加わる。彼の深いアルコの響きが幽玄を醸し出す。そこに琵琶に似た谷川の弾くギターが重なり、この世とあの世の境を映し出す。ギターの響きは、日本の琵琶から遠くシルクロードに伝わるサーズ等の響きも内包する。アルバム後半は、小山彰太と豊住芳三郎のドラムとアラン・シルヴァのシンセサイザーが加わる。エレクトロ・アコースティックな演奏は、谷川の参加している EXIAS-J による Electric Conception の演奏を彷彿とさせるものだ。ここでの谷川のギターの音は、所謂エレクトリック・ギターの範疇にあるサウンドから逸脱するものではない。シルヴァのシンセサイザーも実に効果的に鳴らされる。二人のドラマーは、節度を持ってここでの音楽の役割を全うしている。(末冨)

Sabu Toyozumi, Fabiana Galante, Luis Conde (Jardinista! Recs/2013)

Piano-Fabiana Galante
Cla,bs,-luis Conde
Percussion-Sabu Toyozumi

　豊住芳三郎は、世界中を回っては、現地のミュージシャンと共演を続けて来た。近年は、中東、中国に加え南米のツアーも多く、現地のミュージシャンやファン達の信望も厚い。2013年には、チリ、アルゼンチンのツアーを行った。ブエノスアイレスでは、Fabiana Galante と Luis Conde と共演し、本作を残した。Conde は、サックス、クラリネットを吹き、Galante はピアノを弾く。共にアルゼンチンでは第一級のミュージシャンで、特に Galante は、現代音楽では相当な位置にあるようだ。ここで聴けるように即興演奏も手慣れたもの。ふたりはコンビを組んでは、海外から来たミュージシャンと共演をしているようで、16年も Fred Gjerstad とのトリオ・アルバムがイギリスの FMR からリリースされている。Galante のピアノの演奏は、ここでは即興演奏ではあるが、ジャズ出のピアニストの演奏するそれとはかなり異なったものだ。直線的にスピードとパワーで押すことはない。だが、音のキレやスピードは素晴らしく、サックスやドラムとの反応も早いし、なにより全体を見渡せる洞察力が鋭い。これは、Conde にも言えることだ。Conde の即興演奏は手慣れた感じで、当意即妙な反応。彼のバス・サックスは聴きもの。そこに絡む Galante の音を敷き詰めるようなピアノもぞくぞくされる。豊住はそんな彼等にドラムと二胡で相対している。クラリネットと二胡のデュオになるところが面白い。豊住の二胡からは中国のにおいがあまりしてこないところがいい。ドラムの演奏は、歳を重ねて今が一番キレがあるのではないだろうか。若い頃のパワーやスピードと比べることは出来ないが、演奏のヴァリエイションは比較にならない程広がっている。広く行き渡らないアルバムかもしれないが、入手に挑戦する価値あり。(末冨)

豊住芳三郎, John Russell：無為自然（Chap Chap Records／2013）

Ds,Perc,二胡-豊住芳三郎
G-John Russell
Producer-末冨健夫
Cover Art-Sabu Tyozumi
Liner note-Jean-Michel van Schouwburg
Design-仁木順平

　サブ・トヨズミは、ジョン・ラッセルこそ音楽における最高の友人だ、と一度私に話したことがある。彼らはイングランド、ベルギー、そして 2002 年以降毎年二人で日本ツアーを行い、時には等しい精神と魂で、ステージを分かち合った。

　集団即興音楽のエスプリ、つまり理解、対話、緊張と不和、感受性と痛み、また物理的調和と愛／信頼、これらの諸々の魂は、経験の核に存在している。瞬間における音の探求、そして音楽行為を通じた運動、色彩、振動と質感の創発的な調和の創造という経験の核に、だ。

　このギタリストは、無調性の瀬戸際に至るまで、掻き鳴らし、擦り、そしてクラスターやハーモニクス、持続する上行音といったものを用いる。音楽的な音程と雑音との境界は曖昧になる。パーカッショニストは、叩き、擦り上げ、引っ掻き回し、轟く彼のビートはドラムとシンバルの表面や縁に溢れ出る。彼らの音楽は身体上、空間上、そして彼ら自身と聴衆を取り囲む空気の上で、広がり渡り、浮遊し、拡散し、延び広がり、染み渡り、そして駆け動く。

　何年にもわたり、ジョン・ラッセルは他の即興奏者と多くの強力な音楽的関係を築いている。そしてそのうちのある者たちに、その今では無くなってしまったが「レッド・ローズ」での「サブ・トヨズミと仲間たち」というスペシャルイベントのために彼と共に参加するよう頼んだのだ。

　「レッド・ローズ」とは、ダルストンのボルテックスに移る以前、ジョン・ラッセルが 17 年間にわたって名高い「Mopomoso」コンサート・シリーズを開いた場所であり、そこでジョン・ブッチャーやフィル・ミントン、フィル・ワックスマンなどといった輝かしい奏者たちと共にフリー・インプロビゼーションとして知られる普遍的言語を発展させてきた場所である。

　サブは、現在 74 歳になるが、彼が東京のクラブ"ピット・イン"で演奏中、来日中のジョン・コルトレーンやラッシド・アリと遭遇した1966年からジョン・ラッセルとの出会いまで、ペーター・ブロッツマン、ペーター・コヴァルト、バール・フィリップス、ジョン・ゾーン、レオ・スミス、ミッシャ・メンゲルベルク、エヴァン・パーカー、マッツ・グスタフソン、そしてポール・ラザフォードといったフリー即興奏者との数えきれないほどの日本ツアーをするなど、彼の音楽生活はまさに旅なのである。

　サブはハン・ベニンクとデュオを録音した唯一のドラマーであることに加え、ロスコー・ミッチェル、ジョセフ・ジャーマン、アンソニー・ブラクストン、レオ・スミスといったような人々と共に、そしてパーカションントリオとしてはスティーブ・マッコールおよびドン・モイエと共に AACM のメンバーとして、シカゴで奏され日本で制作された一つのアルバムのためにチャールズ・ミンガスその人によって依頼されたドラマーである。

　日本においては、フリー・ミュージックの分野の伝説的な国内開拓者たちのメンバーとして無視できない役割を演じた。そうした国内開拓者のなかには、後期の阿部薫、吉沢元治、高木元輝、高柳ジョジョ〔高柳昌行〕といったメンバーがいたが、こうした彼の音楽上の兄弟たちは悲劇的なことに他界してしまった。

　70 年代初期のロンドンの即興シーンにおいて、ジョン・ラッセルはフリー即興音楽の開拓者たちの最もずば抜けたコミュニティーの一つの中では、最も若かった。そうしたフリー即興音楽の開拓者には、ほんの二、三例ではあるが、ジョン・スティーヴンス（ジョン・ラッセルにリトル・シアター・クラブでの初のギグを提案した人物である）、エヴァン・パーカー、デレク・ベイリー（ジョン・ラッセルにギターを指導した人物である）、ポール・ラザフォード、そしてバリー・ガイらがいる。毎年毎年、何十年にもわたり、ジョンはこのシーンでの主要な奏者と共に技術に磨きをかけた。そうした主要な奏者のうちには、マーティン・アルテナ、ポール・ロヴェンス、ギュンター・クリストマン、ラドゥ・マルファッティがいる。ジョン・ブッチャーとフィル・デュラントとの彼の影響力あるトリオは、新しい音と相互作用とを探求しつつ、この音楽が演奏され聴かれうる仕方を広げていきながら、電撃的なポストモダンに通じる曲

がりくねった道を示してきた。今や彼は、エヴァン・パーカーとジョン・エドワーズ、そしてクラシックのヴァイオリニスト福田賢子や「ダウン・ビート」誌でジャズトランペット・ヒーローのベスト100の中に選ばれた伝説的なセッション・マンであるヘンリー・ローザーなどの驚嘆すべきプレイヤーたちと(しばしば)好んで演奏している。

　サブ・トヨズミとジョン・ラッセルは共に、八つの調整されていない不協和/協和音の魅力的なショーを展開していく一方で、暗闇に石を投じながら、一面の壁画を施された洞窟の壁に一つの光を当てている。そのショーでは、それぞれの楽器の限界が、彼らの余裕ある音楽技量と馴染んでいる。サブが中国の二胡の上のゆらゆらするグリッサンドを弄ぶとき、彼は絹糸の泣き音を赤子の夢の如く奏している。そしてジョンの微笑みが、彼のギターの弦の上を諸倍音が滑ることで、浮かんでくるのである。(Jean-Michel van Shouwburg/ 訳:織田)

李世揚 Shin-Yang Lee&豊住芳三郎:Music NonStop (Nicole'sCreative/2014) 台湾レコード大賞(Jazz特別賞)

Piano-李世揚
DS,二胡-豊住芳三郎

　フリー・インプロヴィゼイションは、2000年以降世界中と言っていいくらいに広く演奏する者が現れ始めシーンが広がって行った。(中米やアフリカは貧聞にてまだ具体的な人材の名前や演奏を聞いたことがないが、絶対何人かはいるはずだ。)フリー・ジャズがまだまだジャズから出発したミュージシャン限定の音楽だった頃から次第にその枠が拡大し始め、「即興」をキーワードにジャズ以外のフィールドからも参入可能となった事が大きい。正直、台湾についてはこれはもうアフリカ並に情報が入らなかった。音楽に限らず政治や歴史についても台湾の事は疎かったが‥。そんな台湾にも即興演奏のシーンが存在する事を豊住芳三郎さんが度々台湾に行っては演奏される事で知った次第。これは、豊住芳三郎(ds,二胡)2014年の台湾ツアーで収録された台湾のピアニスト李世揚/Shin-Yang LeeとのアルバムΩ

　6曲中お互いのソロが一曲づつ収録されている。豊住～いやサブさんと呼ばせていただく～は、百戦錬磨の世界でも屈指のフリー・ジャズ、フリー・ミュージックのドラマーだ。李は台湾と言う即興音楽ではまだ始まったばかりの国のピアニスト。相手への反応の速さや多彩さはサブさんならでは。対する李のピアノは、確かに達者な腕前を有するし、反射神経(音に対する)もいい。キレも良い。なかなか私好みのピアニストだ。だが、まだまだ先人の色々な特徴を折衷しているように聴こえるのはやむを得ないか。セシル・テイラー風の音の畳み込み方が聴けたり、キース・ジャレット風になる所も。1曲目はプリペアード・ピアノの演奏。オリジナルな姿を見せるようになるのも間近だろう。(末冨)

アート・クロッシング コラム#1
池田一/屋久島 2017 アースアートプロジェクト
『円水の塔』レポート
織田理史

 第1回となる去年(2016)に引き続き、池田一氏の屋久島におけるアースアートプロジェクトが行われた(主催:鹿児島県自然保護課／NPO法人エコ・リンク・アソシエーション、後援:屋久島町／安房校区／安房電気利用組合他)。その名も「円水の塔」である(注1)。
 今回のプロジェクトは大きく分けて、三つの部分から成る。そのうち二つは、池田一によるアースアート作品であり、一つはシンポジウムである。加えて、円水の塔の前にてそれぞれ日中、夕方、夜、早朝にて、池田一氏自身及び私の PC 音響によるパフォーマンスが行われた。本稿では時系列順に私がそこで体験した一連のプロジェクトを、考察を交えつつ記していくことする。

『円水の塔』@宮浦川

 円水の塔は、今回宮浦川と春田浜の二か所に設置された。私がまず訪れたのは宮浦川の方である。
 川を横断する二つの橋がある。円水の塔は二つの橋の間の水面に設置されている。ここで少し情報をプラスすると、当初はこの塔は空中に設置される予定であったらしい。それが実現できなかったのは、二つの橋の管轄が違う、という行政的な問題である。鹿児島県の管轄する橋は海側にあるのだが、「事故が起こったとき責任を取れない」ということで橋にロープ等を繋ぐ許可が下りなかったとのことだ。そのため、空中の塔は実現できず、水面に設置されることとなった。個人レベルから行政レベルまで様々な立場が交差し縺れ、複雑に絡み合い、しまいには錯綜体となって、何ものでもなくなってしまう。統合的な視点で縺れを解きつつ、縫り合わせ、編んでいき、最終的に一つの作品を成立させる。それが池田氏のやっていることなのだ。今回のプロジェクトにおいても、島内の地区ごとですら意見の相違があったと聞く。最終的な作品の成立に向けて、様々な立場・規模の人々や団体と交渉を重ね、土台となる総意にまで漕ぎつけなければならない(もちろん完全な総意など存在しない)。
 この意味において、池田氏の作品は第一に、人間相互の新しい関係づくりそのものなのである。それは作品制作の一つのプロセスないし土台であるというより、それ自体で一つのアートを成している。統一言語を取り戻したバベルの塔の再建だ(「バベルの塔」なる単語は唐突に思われるであろうが、今回のコンセプトに関わる池田自身の言葉である)。

まず一見しただけでは、それが何を表しているのか、あるいは何かを表しているのかどうかすら分からない。中心から放射状に7つの写真が見える。そしてその周りを取り囲むように円状に何か紙か布のようなものが浮き沈みしている。私は蓮の花のようなものを連想した。形状が幾何学的に美しいのみならず、川の流れが周りの布を僅かに揺り動かし、水面の揺らぎ、及びそれに伴う自然光の不規則な反射が、この作品のような何ものかに無限の表情を与えている。この作品のような何ものかが位置しているのはちょうど川と海とが合流する地点に近く、川の底は海水だということである。それゆえ、このものが位置する水位が、干潮と満潮との間で時間帯によって変わってくることになる。

©児玉龍郎

だがこのような記述は、抽象絵画を評する際のようなレベルに過ぎない。このものは、池田氏からのメッセージを担っているはずである。そこでこの作品のようなもの(注2)のコンセプトを直球的に尋ねた。

中心から放射状に並べられた七つの写真は、舟である。なぜ七つかというに、地球全体を覆う海が七つであるからである。

屋久島を中心にして、七つの海全てに向かう船が、そこで待機しているのだ。そしてその周りに浮き沈みする布は、よく見ると両手を差し出したその手の写真である。その手には、水が掬われている。全ての手は、中心の七つの箱舟の方を向いている。氏によれば、この手の写真の約半分は5歳児のもので、もうあと半分は80歳以上の方のものだという。そこには、二つの並行する移行ないし引き渡しの意味が込められている。まず、80歳を超えた方々から、未来を担う5歳児への、水の引き渡し。それも天水の引き渡しだ。そして七つの海、つまり世界へと届けるための舟を、天水で満たすこと。こちらは天水の世界への引き渡しである。

このように言葉に書き起こすと、なんともシンプルなコンセプトではある。しかし、上の説明では、なぜここを、つまり屋久島を中心として世界に発信するのかが不問のままである。その理由は、氏が基調講演をつとめたシンポジウムにて明確にされることになる。

シンポジウム「なぜ天水の島」は地球最前線か？

©児玉龍郎

シンポジウムは、去年に引き続き屋久島町総合センターにて11月10日に行われた。池田氏の他、台湾からのアーティストを含むパネラーの方が四名(注3)、司会は昨年に続いて上水徹也氏である。

池田氏は開口早々、「難しいことは喋ります。しかし、分かるように喋ります」と言う。

昨年のシンポジウムのテーマが「人間として大きくなること」だったことを思えば、テーマはよりアートの方に踏み込み、ランドアートの歴史への池田一自身の氏による定位、また自身のアート観にも言及している点で、確かに奥行あるものだったと思う。

特集：豊住芳三郎　179

前半部分では、自身のランドアート史における定位と、従来のランドアートとの差異化が主に語られた。デ・マリアやロバート・スミッソンといった先人たちの作品にも言及しつつ、ランドアートの歴史的推移を三段階に分け把握すること（把握させること）が試みられた。

第一の段階は、環境変形型（注 4）。すなわち、具体的な自然環境ないし都市環境が作家の自由になるキャンパスとしてみなされていた時期である。自然に手を加え、都合のいいように変形していくというそのコンセプトは、まさしくそのままの意味で近代的であろう。

しかし第二の段階で、「環境に手を加える」という行為そのものに疑問を唱えるランドアート作家たちが現れることになる。その疑問は主として環境破壊に対する非難と環境保全の理念とに基づくナイーブなものではあった。だから、この種の作家の作品は、しばしば非常にメッセージ的である。それも環境保全やら人権問題やら現に起こっている社会的・環境的諸問題にコミットする、という意味で、それは一つの運動と識別が非常に難しい。目下、多くのアーティストはこの種の問題に取り組んでいる。最も、貴重な資源である水をテーマとする池田氏自身も、その片足はこの類型に置いていると言ってよかろう。

そして最後の段階に—それゆえにこれこそが自身の立場だと池田氏が強調するところの段階なのであるが—地域一体型が据えられることになる。第二の段階で確立していた自然への配慮を引き継ぎつつ、人と環境との関わりにおける具体的なシステムである。

池田氏とその作品はそれ自身、いくつかの複合的な要素から成り立っており、その各々の要素が途方もなく複雑なのである。それらの要素を挙げると、①即興性、②水、③人及び自然との関わり、差し当たりこれら三つとなるであろうか。

©今村玲子

順に追っていこう。①の「即興性」と、池田氏がこれまで手掛けてきた大規模な野外作品群とは、一見両立しないように思える。なぜなら後者は、明らかに綿密なプランに基づいて完結した「作品」のように一見思われるからだ。しかし、パフォーマンス・ブーム時代に様々な即興的パフォーマンスや「同時多発演劇」等を体現してきた池田氏の根底には、やはりひとつの還元不可能な即興性、言いかえれば予測不可能性が存在している。そしてこの池田氏の根底に潜む予測不可能性こそが、氏が好んで用いる「水」という媒体に共通するものではないか。それについては後で論じよう。

さて、池田氏の大規模野外プロジェクトと言えども、その根底には即興の精神がある。何か表現するべきもの、ないし心情の吐露や芸術的な深み、あるいは何らかの啓示といったものは、池田氏の作品とは無縁である。池田氏は、現場に着くまではまだ作品の構想すらもたない。現場に到達すると、氏においては、そこで「何が出来るか」が、その場所の特異性、ローカルな空気、環境、そして人々の振る舞いといった具体的なものに自身を改めて据えることで、自然と生い立って来るのである。氏の思考は高速で回転しつつ、既にそれが即興である。自然、環境、人々との交渉、対話、セッションが既に始まっている。対話は何も穏健なものばかりではない。罵倒や非難、反撥そして収束、こういったものもまた、氏の思考の中で繰り広げられているのである。それらの内的交渉から、一つの像が徐々に浮かび上がってくる。偶然性からの必然性の誕生である。かくして最初の全体像が決まってくる。

これが第一の即興性である。第二の即興性は、作品が一応の鑑賞される段階に到達したときに、その作品そのものに現れる。今回の宮浦川のプロジェクトにおける作品自体がもつ即興性は、上で論じた通りである。自然、および人々といった予測のつかないもの

どもを構成要素としているからこそ、それらの要素が何らかの事情で変化すれば作品全体の形状や印象といったものも変わってくることになる。もはや作品は氏のものを離れ、それ自身即興的に表情を変える。コントロールすることもできないし、する必要もない。それは、氏の手を離れたという意味でのみ、「作品」という名前と形式を与えられるのである。作品は「自生」する。

②水。池田氏における水については、以前詳論した(注5)。水は、最も予測不可能な物質であるという意味で、それ自身即興的な媒体となり得る。しかし、以前に述べた水の存在論的性格に加え今回強調したいのは、水の対象性である。というのも、池田氏は「水を使って」、換言すれば水を媒体として作品を制作している訳ではない、ということに気づかされたからである。水は、絵描きにとっての絵の具や絵筆、演奏者にとっての楽器や楽譜といった、単なる媒体や媒介ではない。それは文字通り対象であり、特殊な実体であり、池田氏にとっての他者である。池田氏は、自身の即興性を、水の持つ本質的な即興性に対峙させる。予測不可能であるからこそ、対象としての水は予測不可能的に、対象——ここではイマジネーションなりインスピレーションなりなんらか観念的な存在者とはなろうが——を無限に産出するのである。池田氏の爆発的な創造力の源は、何も氏自身の即興性にばかりあるのではない。水との交渉、闘争(予測不可能なもの同士の交渉とは合意を殆ど見ない闘争である)、そして一瞬の奇跡的な和解からこそ、ひとつの固定した「プラン」なり認識なりが生じてくるのである。さらに言えば、水とはある具体的な物質であるが、これを一般化して、予測不可能性一般を対象とすることこそ、創造力の源になり得る、と主張しうる。池田氏はかつて、「自分自身を紐解く」といった表現を使った。水は予測不可能である。そして、自分も予測不可能である。なぜ自分は予測不可能なのであろうか。対象的な(水の)予測不可能性と、自分自身の予測不可能性とは、それぞれ独立したものであろうか。しかし仮にそれを認めてしまうと、自分自身の予測不可能性は永遠に不可知となる。互いに還元できない複数の予測不可能性という事態は、それがまさに還元できないという理由によって、予め前提されるほかなく、その構造を明らかにしようとする営みそのものが意味を失う。私自身は、この二つの予測不可能性(従って複数の予測不可能性)は、同じ根から来ていることを証するような理論を準備している(ここでは触れない)。

③人及び自然との関わり。即興性をもち、水を用いるアーティスト、これだけではその技術性の多寡を差し引いても、どんなに代替の利くアーティストだろうか。即興性を根にし水をテーマにしながら、池田氏が他のあらゆるアーティストと一線を画すのは、まさに人と環境(それは自然と都市の双方を含む)との関わりにおいて実現させている、その法外なスケール性であり開放性なのである。実際、これだけの作品を作り上げるのに、どんなに多くの人々との困難な交渉があったことであろうか。作品が据えられることになる場所における行政による管轄の違い、普段はアートとは差し当たり無関係な地元の人々の説得…こうしたことを乗り越えた最終的なアウトプットがアートであるが、乗り越えるためにはアート以前の人々との関わりが必要条件となってくる。それも何も池田氏と地元の行政及び町民の方々との間の関わりだけはない。屋久島と一括りにしようとも、その内部でも各区域によって管轄が違うし、それゆえの管轄間の対立等、池田氏を離れたところで複雑な事情があったと聞く。この池田氏とは相対的な人々及び行政機構を、最終的な目的達成へ向けて説得していく、そのような困難な仕事があるのである(もちろん交渉に当たるのは池田氏本人だけではない——池田氏を長年にわたってサポートしてきた下津公一郎氏を始め、池田氏を支えるこれまた多くの人々がいるのである)。さて、そのような困難を乗り越えたということ、つまりプランが通ったということは、アートが行政を超えて改めて人々を共働の場に据えた、ということを意味するであろう。行政の無機質な地理の区分分けの下に依然として存在する、人々の身体的で生のネットワークが、ここに再び——たとえプロジェクトの間に限られるとしても——息づきだすのである。

真の共働は、具体的な作品制作の場においてなされるアート行為である。池田氏は、頭の中の構想を元に設計案を提示する。制作に関わることになった人々は、それは現実的に不可能だ、と言う。そして代案すら提出する。今回の場合、春田浜に設置された塔の制作において最初池田氏が抱いていた制作法は、地元の人々に言わせれば困難で効率性を欠くがゆえに、代替案を提出し作業にあたったと聞く（その辺りの技術的な事柄は私には分からない）。

　これまでで人との関わりについて述べた。次は自然との関わりということであるが、それは上述の人との関わりと根本的に変わらない。というのも、共働ということのなかには自然もまた含まれているからである。自然とはここで、単なる制作の環境、あるいはもっと穏健に言って共働のための場所として捉えられるのではなく、共働のメンバーの一人に数え入れられるべき存在者として捉えられるのが良いであろう。そうすることで、人と環境との二元論を減算できる。池田氏は、人の場合そうであったように、存在者としての自然とも交渉する。それは、水の項でも触れた、予測不可能性と予測不可能性との交渉である。その真剣さを極めた対峙において、出来ること、出来ないこととがはっきりしてくる。そして、共働のメンバーの一人としての自然は、当然他の作業に当たるメンバーとも交渉する。各々のメンバーが、自然と交渉し、出来ること、出来ないこと、出来そうなことを見出していく。そうして、当初あったプランは、無数の交渉の網の結果、その実現が強固になると比例して、当初の池田氏個人の思い描いていたプランから逸脱し、拡散していく。共働のメンバーの最終的な合意こそが、一応の作品成立という事になるが、しかしこの最終合意はメンバーの気まぐれ、諸事情によって常に変化し続け、それに伴い作品も生成し続け、やがて合意の解体により、作品そのものも解体する。この、自然をそのメンバーに含めた共働からまるで自然に生い立ってくるような作品制作の過程を、池田氏は「自生」と呼んだ。正確には、春田浜のオブジェクトが自然と地続きに見え、まるで作品が自然から自然に生じてきたような、そのような自然/作品間の識別が曖昧もしくは無効になる事態を池田氏は意図していたものと思われるが、自然を共働のメンバーに入れる操作を経ることで、自生という概念はより普遍性を得られるものと思う。

　以上、池田氏の作品及び制作姿勢の根本性格を三つにカテゴライズした上で、その分析を行ってきた。そこで、以上をもってシンポジウムの報告に代えさせて頂きたいと思う。それは、池田氏の基調講演と春田浜の作品の例を基にした私による池田氏の分析であってシンポジウムの報告ではないという点で不満を抱かれようが、それはアーティストとしての池田氏自身による自己定位を、私が再解釈し、それの少しの普遍化・拡張が成功裏に得られたなら、基調講演の報告に代えるのに十分であると私が判断したからである。当然他のパネラーの方の発表も、レポートという形では触れるべきなのであろうが、文脈上割愛することにする。

水奏

　私自身が深く関わったのは、11月10日の日中から11月11日の早朝にかけて行われた、『水奏』である。プランはこうだ。池田氏が円水の塔の配置してある少し小高い岩に上り、そこにある水たまりとホースとを使って、息で水の泡・波の音を鳴らしつつ、自身もボイスパフォーマンスをする。私は円水の塔の池田氏から少し離れたところで、発電機により送られてくる電力を使いPCでの即興音楽を奏でる。この池田氏―水―電子音のセッションを、それぞれ昼・夕方・夜・早朝に行い、同時に録画する。そして録画したものを、後日編集して一つの映像作品にしようというのである。

◎児玉龍郎

　この野外セッションを限られた予算で行うに当たって、機材の調達等をも引き受けた私自身の困難もあったが、それにはここでは触れない。
　実際の現場は、トラブルの連続であった。今回、池田氏の胸元と水溜りにマイクを置き、それをBluetooth 出力に変換して Bluetooth スピーカから鳴らそうというものであったが、Bluetooth は通信がぶつぶつ切れるわ、パフォーマンス中に別のBluetooth スピーカと勝手にペアリングしたりと、意図した結果が得られたとは言い難い。用意した三つのスピーカーはどれも片手で持てる程度のサイズのものだったが、音量自体は十分野外セッションにたえるほど大きく、実用性は確認できた。いずれにせよ、Bluetooth を使った野外セッションには課題がまだまだあるものと言えよう。
　池田氏は、これまでの私との短い付き合いの中でもついぞ見せたことのない、今にも崩れ落ちそうな弱々しさで、岩の上を登る。そのサポートに今村玲子氏が当たる。足元はでこぼこで不安定で、少しでも踏み外せば、下の岩肌に落ちることになる。さすがに夜間は安全のため岩上でのパフォーマンスは避けたが、池田氏は「怖い」という表現を使った。およそ池田氏らしからぬ発言である。最もそれは身体上の理由であり、氏は盛んに足の痛みを気にしておられた。真っすぐ立つこともままならぬ状態で、不安定な岩を登ることは非常に困難だったことは想像できる。
　しかしパフォーマンスが始まるや否やどうであろうか、池田氏の咆哮は力強く堅固な芯をもって周りの空気全体を震わす。それでいて美しく透明である。音楽ではない。私は音楽を奏でているが、池田氏のそれは、抽象的なメロディーでもなければ具体的な言葉でもない（時折即興的に言葉が発せられることはあったが）。それは、何かを伝えるという事と、何かを奏でるということとの境界を曖昧にしつつ、それらの次元を貫通して、なお垂直へと自在に伸縮する。それも暴力的な仕方では一切なく、構造、制度、概念、規約…こうした形式的なものに一切捕らわれない融通無碍さが、垂直の次元を豊かに広げてゆく。私は、その咆哮に天使の声を聴いた。あるいは天使と言うのが宗教的な含みを持つのならば、「天声」とでも呼ぶ方が適切であろうか。それは決して誇張ではない。氏が今回のプロジェクトで、屋久島を形容して「天水の島」としたことが想起される。もちろんそれらの間に現実的ないし必然的な繋がりはない。私が勝手に感じたことである。しかし、本当にそうであろうか。それは、単なる偶然であろうか。屋久島は地球最前線だ、というのが氏の主張であった。その根拠が、世界で最も純水に近いという屋久島の水、すなわち「天水」の存在であった。天水は宇宙から降るか——以前私は少々の皮肉の意味を込めて、前年の屋久島プロジェクトを、それが弱々しい存在としての地球における規模のものに過ぎないことをレポートのタイトルに表現することを試みた。しかし、宇宙とは外延的な広がりに尽きるものではない。池田氏が切り拓くような垂直の次元、あるいはドゥルーズが「深み」や「襞」と呼ぶ次元が存在する。池田氏の美術館における絵画への嫌悪は何度も聞かされたが、その絵とて、単なる物理的対象ではあり得ないのは、その深み、古くさい言い方をすれば「芸術性」に基づいている。しかしそれはあくまで絵画における深みであって、形式に閉じ込められたがゆえに、そしてその形式に抵抗し、形式を横断するがゆえに生じる深みである。池田氏は、まさに宇宙—地球—屋久島—春田浜という連続した最も具体的でリアルな次元に置いて、深みの次元を切り拓く。宇宙に形式を見るのは理論であるが、対象としての宇宙は理論からは独立である（もちろんそのようなプラトニズムを認めないのは現代哲学の主流の一つではあろう、代表的な哲学者としては「内部実在論」を唱える

80年代以降のヒラリー・パトナムである。最も私は、パトナムの内部実在論に対して「外部主義」——あるいは「形而上学的非実在論」とても呼べるものを突き付ける用意がある。）その意味において、池田氏は形式とは無縁な生（なま）の世界、宇宙において、宇宙外の次元を切り拓いていく数少ないアーティストである——というのも氏は形式から自由な空間におけるアーティストであり、アースアートの最前線における、つまり宇宙全体と地続きの空間としての大地を対象とするアートにおけるアーティストだからである（無論ここで「形式から自由」という表現は、「表現主義」であることを意味しない。表現主義とは一つの芸術様式である）。

　私は、そこに音楽の新しい可能性を感じた。氏の咆哮は、言うまでもなく音であり、さらにもしそれが音楽であるならば緊急にその再定義を要求するような「音楽」だったのである。その「音楽」が基づいているのは、物理的な外延を超えた新しい次元の切り拓きと、さらにその必要条件としての形式/表現という二元論の束縛からの自己解放とである。あまりにプリミティブで、プリミティブの極限であるがゆえに普遍的であり、その普遍性は空間/物、図/染み、環境/存在者、などといった伝統的な二元論の解体の先にある。だから、それは同じようにプリミティブさ追求したバルトークなどという作曲家たちとは違って（それは民族的なプリミティブ性、つまり人間という存在の本質である還元不可能な民族性についての特異性に留まる）、人間を超えた先にある、まさに天の音、人間を超越した音だったのである。この「音楽」に装飾を加えられたことを光栄に思う。

　レポートとは名ばかりのものとなってしまったが、ここで本稿を終えることにしたい。現地で宿泊の手配やその他機材の予算を捻出して頂いた下津公一郎様、及び現地でお世話になった方々に心からの感謝の念を申し上げます。

©今村玲子

「注」

注 1
なお 2016 のプロジェクト名は「天水の島」であった。

注 2
このような言い回しをわざわざしているのは、私が池田一氏の「作品」を、安易に作品と呼ぶことが適切であるかどうかについて、慎重でありたいからである。池田「作品」には作品と非作品との境界がなく、いわば作品か非作品か、厳密に識別不可能である、という理解が適切であるか、と氏に尋ねたところ、その境界の識別の曖昧さを認めたうえで、「作品でも非作品でもない、そのような作品」であるという旨の回答を頂戴した。だが、あくまで識別不可能な「作品」であって、識別不可能性のままではいけないような理由が、私にはまだ理解できない。その印象は、今回氏が提示した「自生」という概念ないし考え方によってますます強められた。

注 3
今回パネリストとして参加されたのは、アートを主に専門とする方が二名、屋久島の観光および環境に携わる方が二名であった。本稿ではこの注にて簡単な肩書ないし所属でもって紹介に代えさせていただきたい。
霧島アートの森学芸課長であるキュレーターの宮薗広幸氏、台湾のアーティスト、イエ・ペイルー氏、屋久島野外活動総合センター YNAC 代表の松本毅氏、屋久島町商工観光課長の松本薫氏の四名である。

注 4
これらの池田一自身によるランドアートのカテゴライズにおける各々の正確な名前は忘れてしまった。データを保存してあった PC が WindowsUpdate で起動不可能になり、データが吹き飛んだからである。最も、名前の正確さなどはここでは求めないでもよかろう。
注 5 「池田一とガストン・バシュラールにおける水の形而上学—存在論化された水と形態を巡って」、『アート・クロッシング創刊号　特集：池田一と水たちよ！』、TPAF、2017 年 2 月 14 日

アート・クロッシング コラム#2
ジャズ・ピアノ教本のアンソロジー：対機テキストへ向けて
河合孝治

1.ジャズピアノ教本との出会い

　私がjazzに興味を持った高校生の頃、jazz界はソロ・ピアノブームだった。セシル・テイラー、マッコイ・タイナー、チック・コリア、キース・ジャレット、ダラー・ブランド、スタンリー・カウエルと言ったピアニスト達が続々とソロピアノアルバムをリリースしていた。そんな中、私もジャズピアノが弾きたいと思うようになった。しかし、どうやって弾いて良いのかわからない。とりあえず、学校帰りに御茶ノ水や銀座の楽器店に行き、何冊がジャズピアノの教則本を購入し、弾いてみることにしたのである。リズム・エコーズという出版社から発行されている教本が多かったと思うが、弾いてみるとどの教本もジャズの音が今ひとつしないのである。おかしいなと思いつつ、それでも次の2つの教本はある程度参考にはなった。

　まず左は『ジャズピアノ・テクニック　第二巻　モダンジャズ編』（日暮雅信／リズムエコーズ: 出版年度未掲載）
コードワークについて初歩から解説がなされているわけではないので、一応中級向けの教本のように思う。コード進行、代理和音について、色々実例が示さているのだが、どれも唐突すぎてわかりにくい本だった。（今でもヤフオクなどで時々出品されているようだが）

　右は『ジャズピアノ入門』（飯吉馨／全音: 出版年度未掲載）、この本は、飯吉馨が当時、芥川也寸志の音楽番組に出演して、あの人の教本かと思いだし購入した記憶がある。コードワークもアドリブも豊富に掲載されているが、コードワークのほとんどは 7th まで。アドリブは、バド・パウエルの Transcription(コピーフレーズ)があるなど、かなり参考にはなった。（この本は最近ほとんど見かけないが）

　また、高校の音楽の先生（音大の声楽科出身、授業でブルーベックのテイク・ファイブのレコードを生徒たちに聴かせていた。）に相談したところ、『ニューヨークの印象』（デイヴ・ブルーベック／東亜音楽社：1966年）（左図）を貸してくださった。
アドリブの掲載はなく、テーマだけだったが、ブロックコードのボイシングなど勉強にはなった。E♭7 の場合、左手はRoot を省略して、「G,D♭,F」と弾くのか？など、、、。
でもまだまだわからないことだらけだった。
（ちなみにこの曲集、付録として「日本の印象」から「Toki's Theme トキのテーマ」が（本書の目次にはなく）なぜかこの曲集の1曲目（4P）に掲載されている。それと、後でわかったことだが掲載曲の「アップステージルンバ」はラテン・リズムを基に12音技法で書かれている、ユニークな曲。ブルーベックはシェーンベルグに学んだので、なるほどなと思う次第。）

そうこうしているうちに、やがて、**ジョン・ミーガン著による**『Jazz Improvisation』の存在を知った。4巻まであるのだが、1巻、2巻は和訳本で出版されていて、第1巻（コードシンボルを「II-V、ダイアトニック、クロマチックの3つに分類しているのがわかりやすかった」の巻末を見ると『Jazz Improvisation:Contemporary Piano Styles:（現代のピアノスタイル）』（ジョン・ミーガン/AMSCO:1965年）というタイトルの教本を発見。「もしや、これでは！」と思い、第4巻はまだ和訳本は出版されていなかったので、洋書で購入（左図）。

かなり分厚い本だったが、弾いてみるとなんと「ジャズの音」がしたのである。これには感激した。コードワークは形によって Aフォーム、Bフォームに別れていたが、夢中になって練習。2,3ヶ月くらいでとりあえずほとんど弾けるようになった。

そして、75年にはマッコイ・タイナー、チック・コリア、ウイントン・ケリーといった人たちの演奏がまるまるコピーされた教本（楽曲集）『JAZZ PIANO IMPROVOSATION1〜3』（藤井貞泰/リットー・ミュージック:1975年）が、藤井貞泰によって発売されたのである（左図）。

その後、藤井貞泰は『ジャズピアノ・モード奏法』（リットーミュージック）『ジャズピアノ12のkeyで実習するインプロビゼーションの技法』（リットー・ミュージック）など、次々と実用的なジャズ教本を発行。ベルリンの壁崩壊ならぬ、ジャス教本の壁崩壊は、藤井貞泰によってなされたと言って良いのではないだろうか。

ではなぜそれまで、日本において実用的なジャズピアノの教本が出版されなかったのかそれにはいくつか理由があるだろう。一つには、ジャズの本質はあくまでも即興である以上クラシックのように音を楽譜にエクリチュール化すること自体、ミュージシャンにとって心情的に抵抗感があったと考えられる。さらに、クラシック音楽なら、その仕組みや全体像を楽譜に露わにしたところで、難曲を弾きこなすには相当の修練が必要であるが、ジャズの場合、演奏の方法論がわかれば、下手は下手なりに演奏が可能なのである。したがって演奏法がわかってしまうと、誰でもジャズが演奏可能となって（本当はそんなことはないのだが）、プロのミュージッシャンとして困るので、なるべくブラックボックスにしておきたいと考えたのかもしれない。（そう言えば、坂元輝こと、テリー・ハーマンが『ジャズ』誌の「坂元輝ジャズ・ピアノ・ワークショップ」に、「昔、日本のモダンジャズの父、守安祥太郎が教則本を書いていて、もうすぐ出版するという時、その噂を聞いて、それをよしと思わない、ミュージシャン達が守安を駅のホームから、、、、。」なんて書いあったが、本当か〜？それにしてもテリー・ハーマンの文はいつも途中から小説になるんだよな。まぁ面白いけど）

さて、ジャズ教本のベルリンの壁が崩壊する70年代半ばから、百花繚乱のごとく、ジャズ教本が出版され、特に藤井英一（は昔から教本を出してはいたが）、稲盛康利、林知行と言った人たちはそれぞれ100冊くらいの教本（再販も含めて）を出しているのではないだろうか。

ところで私は高校時代、ジャズピアニストになりたいと思ったことがあったが、興味の対象がジャズから現代音楽、さらにアートへと変化したこともあって、ジャズピアニストにはならなかった（と言うよりなれなかったと言う方が正しいが）が、ジャズピアノ教本はまだインターネットがない時代、ダウンビートの広告を見たり、ニューヨークの古本屋からカタログを取り寄せたり、バークリー音楽大学帰りの友人に聞いたりして、新しい教本が出るとこれはと思うものは購入していた。

もっとも最近では、出版数も多く、また似たような本も多いので、あまり購入しなくなったが、代わりに最初のジャズ教本は、誰がいつ頃出版したのかと言う、文献学的、考古学的な興味が湧いてきたのである。

2.ジャズ教本の創成期

私が所有しているジャズ教本の中で最も古いのがこの本である。
『アルス音楽大講座第9巻実技編ジャズ音楽-ジャズピアノの奏法』(菊池滋爾、他/アルス)1936年
著者の一人、菊池滋爾は日本で最初にジャズを演奏したとされている人である。従って、本書は日本人による最初のジャズ教本ではないかと思われる。(邦訳本なら、「邦訳ジャズピアノ奏法 Book 1 (Vincent Lopez /東京音楽書院)1936 年がある」)
コードの説明の他、「スイングベース表(下図中)」、「モダン・ハーモニー(下図右)」、「ペンタトニック」「ブルース」についても書かれている。

　1936年と言えばアメリカでもまだビー・バップ(モダン・ジャズ)が生まれていない時代、従って、本書はブギウギやスイングピアノの奏法についての教本なので、「モダン・ハーモニー」と言っても、6 の和音(13th)の使用例が書かれてあるだけなのだが、全体として、内容はとても充実している。ちなみに本書は、他に古賀政男、服部良一、灰田勝彦、など日本のポピュラー音楽を牽引してきた人たちが執筆している。まだ彼らも20代後半から30代の若かった頃だ。そう言う意味でも一読の価値があるだろう。

『ジャズピアノ奏法』(山田栄一/新興音楽出版社)1947 年
『近代ジャズピアノの奏法』(松井八郎/全音)1953 年

左は 1947 年(昭和22年)発行。まだビー・バップ(モダン・ジャズ)が日本に入って来ていない時代なので、ラグタイム、ブギウギ、スイングピアノの教本。先のアルスの教本とそれほど変わりはないが、9th を含んだコードの下行クロマチックや、跳躍八度による Walking bass line の練習などが新しいところか。右は 1953 年発行なので、日本でモダンジャズが演奏され始めた頃だと思うが、本書にはそのような片鱗は見られない。理論的な説明はほとんどない楽曲集。掲載曲は「童謡」、「荒城の月」などの日本歌曲、「銀座カンカン娘」、など当時流行の歌謡曲。ジャズのスタンダード曲は掲載されていない。著作権上の問題があったのだろうか。それにしても、この2冊の本の表紙デザイン、この時代にしてはカッコいいと思う。

3.ジャズ・ポピュラー音楽スクールの教本

さて、話を戻すと、藤井貞泰の教本以降、ジャズ教本が多く出版されるのと時を同じにして、「ルーツ音楽院」、「ミューズ音楽院」、「メザーハウス」、「ラブリーミュージックスクール」、「パン・スクール・オブ・ミュージック」など、次々とジャズ・ポピュラースクールが誕生する。それ以前からあった「飯田ジャズスクール（スタジオ）」、「ヤマハ音楽院（旧ネム音楽院）」、「アン・スクール・オブ・ミュージック」などを加えるとかなりの数に登った。また80年代に入ると「青山レコーディングスクール」、「音楽プロデューサー養成校 MPI」などスタッフ養成校も誕生するのである。そう言うジャズスクール出版の教本にも良書があるので紹介して見たいと思う。

『ROOT'S MUSIC STUDY』（ルーツ音楽院）1985年

これはジャズピアノの通信教本で全部で12巻（付録としてCD12枚、またはカセットが12本）。これだけ豪華な教材は他に類がないだろうし、学院長でギタリストだった澤田駿吾をはじめ、スタッフの熱意や努力によって生まれた素晴らしい教本だと思う。が、しかし、初学習者には難しいのではないだろうか。と言うのは、どの巻も前半が理論編、後半が実技編と分かれているのだが、その理論と実技の結びつきがわかりにくいように思う。従って、初学習者の自宅にこの12巻がドサッと届いた時、果たして「ジャズを演奏してみたい、楽しみたい」と思うかどうか。「やっぱりジャズを演奏するのは難しいのかな？」と思ってしまわないか。ちなみにこの教本現在でも、ルーツ音楽院のサイトで販売されているようだが、この高価な教本をヤフオクで、幸運にも超低価格でゲットできた。届いてみると、カセットはビニール袋に入って、未開封だった。多分、購入したはいいが、使わなかったようだ。通信学習というのは、誰からも強制されないので、続けるには強い意志が必要なのだろう。

『MESAR HAUS THEORY step』（佐藤允彦/メザーハウス）2001年

「MUSIC COLLEGE メザー・ハウス」の教本。私はⅠからⅤまで持っているが（Ⅵ以降があるのかわからないが）、この教本は、音名、音程、から始まって、「コード進行」「ハーモナイズ」「声部配置」など、一通りのことは学べる。私が特に気に入ったのは、Ⅴでモードについてかなり詳しく書かれている点だ、たいていのジャズ教本ではほんの少し触れられているだけに過ぎず、また「スケール」にも、「モード」にも「ドリアン」、「ミクソリディアン」と、同じ名前をつけているからやこしい。その点本書はモードの性質をかなり的確に説明しているし、とても勉強になった。

『大阪芸術大学芸術学部通信課程音楽科教本』(七ッ矢博資、上原和夫、北原英司/大阪芸術大学) 2001 年

大阪芸術大学の音楽科は日本の音楽大学で、唯一通信教育が併設され、学位が取得できる。
大学のカリキュラムはクラシック音楽、コンピュータ音楽、ポピュラー音楽の3分野で作曲法が学べるようだ。従って、この教本もそれが反映されてる。スクーリングがあるので、全て Web 等で学ぶわけではないが、働きながら大学で音楽を学びたい人、昔、音楽大学で学びたかったものの学費が高くあきらめたが、再びチャレンジしたい人など、様々な学生の事情に応えられるだろう。

その他にも、武蔵野音楽学院出版の『ジャズ・セオリーワークショップ ジャズ理論講座 初級、中上級編』(小山大宣伝/武蔵野音楽学院出版部) 1980 年や、飯田ジャズスクールで使用していると思われる『やさしく学べる ジャズハーモニー1,2』(飯田敏彦/全音) 1983 年、など、実際に授業で使用している教本はおすすめできるし、当たり外れがないだろう。

4.初学習者のためのオススメ教本

　私なんかにも、「jazz piano を弾いてみたいけど、何か良い教本はありますか」と言う質問を受けることがある。本格的にジャズを演奏したいなら、ジャズスクールに通うのが手っ取り早いだろうが、私もそうだったように、まず書店や楽器屋に行って、教本を1冊購入して、弾いてみると言うのが普通の行動だろう。すでに述べてきたように私がジャズに興味を持った頃、ジャズピアノの教本は何冊か出版されてはいたが、初学習者が使えるような教本は少なかった。その点今は、大量に教本が出版されている。ただ、数が多い分、何を購入したら良いのか迷ってしまうかもしれない。
　また、楽譜に音が固定されているクラシック音楽なら、目標とする音楽の全体像は明確だなのでメソッドも絞りやすいだろうが、何しろ Jazz は即興であると共に、ジャズ・ピアニストは作曲家でもあるのだから、そうした広範囲な音楽的技術や素地を満たすための一歩となる教本を示すのは難しい。それに学習者の音楽的バックグラウンドによっても使用する教本は異なってくる。「楽器を演奏したことはないが、ジャズが好きでピアノを演奏したい。」、「ジャズは弾いたことはないが、昔クラシックのピアノを少し弾いたことがある。」「ピアノは全く触ったこともないが、ギターやトランペットなら演奏したことがある。」等、それでもとりあえず、1冊と言うことなら、バイエル程度の技術で弾けると言う条件で、次の教本をお薦めしたい。(最も明日になれば、また違う教本がいいと思うかもしれないが)

『Jazz Piano Concepts & Techniques』(John Valerio/Hal LeonardCorp) 1998 年

コードの説明、コードワーク、メロディに対するコード付と、ジャズ初学習者に必要な技法が書かれてある。アドリブの学習本ではないが、バイエル程度の技術で十分弾くことが可能なので、ジャズを全く演奏したことがない人にはまず最初の一冊として、本書をお薦めしたい。ちなみに著者の John Valerio は他にも数多く教本を出しているので、本書が弾きこなせたら、それらも皆良書なので、ぜひ挑戦してほしいと思う。

次はコンピング（バッキング）の教本である。これはバイエル程度の技術では難しいかもしれないが、コンピングの練習はとても重要だと思う。一人でピアノを弾くのも良いが、他の演奏者とのセッションは楽しい。またピアニストがコンピングを行なっている時は他の演奏者のサポート役になっていると言うことだから、それは自分の中の他者性を促進し、それによって自らの演奏も成長させると言うものだ。

私が、「枯葉」や「サテンドール」を下手は下手なりに弾けるようになり、今度はサックス、ギター、ピアノトリオでセッションを行なった時、どこにどう、カンピングを行えばいいのかそのタイミングをつかむことが難しかった。またサックスがソロをとった時、ギターとピアノのコードが重なってしまい、困ったことがあった。コンピングに特化した教本は他にもあるが、本書は特にお薦めである。

『An Approach to Comping: The Essentials』(Jeb Patton /Sher Music) 2013
『An Approach to Comping Vo.2: Advanced Concepts & Technique』(Jeb Patton /Sher Music)) 2016

第1巻（左）は前半は三連符のリズムでコードを刻むことが中心になっている。それによって、jazz のリズム、"乗り"を体得し、カンピングに結びつけようと言う構成。第2巻（右）は有名プレイヤー（ビル・エバンス、マッコイ・タイナー、ハービー・ハンコックなど）のカンピング例が多く示されている。また付属の CD に収められている、音楽は音質がとてもよいし、サックスやトランペットの演奏が入っているので臨場感があって素晴らしい。

3. 作・編曲教本

ジャズ・ピアニストは広い意味で作曲家でもあるので、作・編曲法の教本についても紹介したい。

『ジャズ・スタディ』(渡辺貞夫/日音) 1970年

まず本書はあまりにも有名な教本なので、今更私が言及する必要はないかもしれないが、この本を購入したのは高校2年の時だった。さすがに、高校生の私には理解不可能だった。もっとも、俳優の「えなりかずき」が中学生の時「今、ジャズスタディで勉強している。と聞いた時、「中学生が、ジャズスタディ？」と驚いたが、この本を、最初から最後まで、つぶさにこなせば、力がつくのだろうが、何しろ根気が必要だ。だいぶ昔の話になるが、渡辺貞夫が「最近（ネム音楽院で）教えるのはやめました。課題を出しても、みんなやってこないので、まぁ頭ではわかっているのかもしれないけど」と言っていたが、ごもっとも。

『実用ポピュラー音楽編曲法(ヤマハ音楽振興会)』1974年

世界に類を見ない、編曲の大辞典。本書の別冊でレコード付きのワークブックのようなものがあったと思うが私は買わなかった。この本の宣伝広告に確か「明日までに編曲をしなければならない人のために」と書いてあった。それくらい、なんでもわかってしまう本ということか。とにかく、詳しい本には違いないが、発行は1974年、改訂版が出たという話は聞かない。果たして今でも、この本の実用価値はあるのかといえば、少なくとも楽式やハーモニゼーション、オーケストレーションに関しては十分今でも通用すると思う。とは言え、さすがに古くなった部分もある。例えば本書には「シンセサイザーは単音楽器」であ

るなどと書いてある。ようするにアナログ時代の教本なのである。かつて、ポピュラー音楽の基礎理論はジャズ理論を学べばどうにかなったと思う。実際、昔は筒美京平などジャズピアニスト出身のポップス系作曲家も多かった。
　しかし、今ではジャズ理論だけで、先端の音楽を表現するのは難しいだろう。コンピューターが音楽制作に不可欠になって以後、特に変化したのはリズムと音色の面である。当然のことだが、コンピューターで作られる様々な音色を五線紙で表わすなど無理である。要するに今は本書のようなポピュラー音楽理論に加えて PC や電子音響、プロラミングなど IT の知識が不可欠なのである。

『ジャズ・ロックオーケストラ編曲法』（広瀬雅一編曲著者／大洋音楽株式会社）
1972 年出版

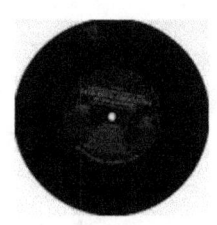

　レコード3枚付き。当時としては画期的なものだろう。トランペット、トロンボーン、サックスなど各セクションについて、ハーモナイズが詳しく書かれている。こう言う教本を見ると、歌手のバックをジャズのビックバンドがやっていた時代を思い出す。
　その他にもドン・セベスキーやヘンリー・マンシーニの教本とか、たくさんあるが、その中で、興味を持ったのが、以下の教本である。

『Pessional Arranger Composer: Book 2 』(Russell Garcia/Alfred Pub Co)1978年

1950年代に書かれた同名本の続編であるが、ジャズにとどまらず、「セリー」や「フリー・インプロヴィゼーション」、「アートと音楽」との関係についても書かれている。音楽家は音楽以外のアートに興味を持つ人たちが少ないように思う。ここで示されているのは、音高、音長をドローイングで表現するなど単純なものではある。しかし音と絵画のアナロジーの試みは、興味深いし、そのような教本がもっとあってもいい。インターラクティヴなアートやメディアートに興味を持っている人たちも読んでほしい教本である。ちなみに 1982 年版にはレコード、2004 年版には CD が付いている。

　ところで、以前ポップスや演歌のアレンジを多少やったことがあったが、その時、参考になったのはここで紹介した教本より、業界の第一線で活躍しているアレンジャーのスコアだった。昔はみな手書きスコアのため、譜面の書き方にも個性があったが、例えば萩田光雄のおたまじゃくしは点（ドット）のようだった。それと業界では、ト音記号、拍子、調号（転調をしない限り）は原則として1小節目にしか書かない。全てのページにそれらを書いていたら、先輩から「最初だけ書けばいいんだよ」と言われたことがあった。クラシック音楽の世界なら各ページに記号を書くが、なぜ業界はそうなのかはよくわからないが。
　結局、ここで取り上げた作・編曲の教本は法律の「基本書」のようなものなのではないかと思う。

4. Web 学習について

　先に紹介したルーツ音楽院がジャズピアノの通信教材を作ったのはだいぶ前だが、10年ちょっと前に、それを Web で学習できるコースにしていたことがあった。今はやってないようだが、それを見た時はついに学習環境もここまできたかと思ったものだが、今ではそれが一般的してきている。バークリー音楽大学も Web コースで学位が取得できるし、インターネットによって学習環境は随分と変化している。また最近日本の音楽大学の多くにジャズポピュラーコースが誕生し、以前のように、昼間は音大でクラシック、夜はジャズ・ポピュラー音楽スクールと言うような、住み分け、ダブルスクールは今後はなくなって行くのかも知れない。そうした学習環境の多様化、少子化もあってか武蔵野音楽学院、ラブリーミュージックスクール、パン・ミュージック・スクールなどすでに廃校になったジャズスクールも多い。それだけ生存競争も激しいと言えるだろう。
　そのような状況下で、新しい学習スタイルを2つほど紹介したいと思う。

＊Udemy（https://www.udemy.com）
今では、Web による学習サイトはたくさんあるが、誰でも利用できるという点で、Udemy をを紹介したいと思う。
Udemy は現在までマーケティング、ビジネススキル、外国語、Web デザインなど5万5千の講座がある。音楽では、作曲、（ジャズ、クラシック）ピアノ、ギター、ボイストレーニング、理論、DTM などが受講できる。そのうちジャズピアノは、300ほどの講座があった。（左図参照）

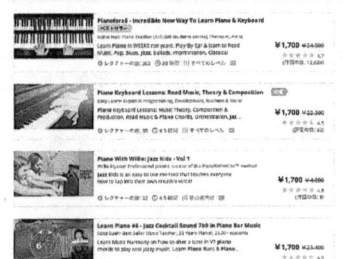

どの講座も最初は1講座、5000〜6000円くらいかかるのだが、徐々に1700円くらいに値引きされる。1700円なら、数万円で、大学四年分の勉強ができるというものだ。親切で、わかりやすいもの、レベルの高いものもある。1講座の中の 1 レッスンは、5分から15分くらいというのも、受講しやすい。大学だと1授業は90分だが、もはや今の学生は90分の授業に耐えられる集中力などないだろう。こういう学習サイトができると、もはや大学との違いは学位が取れるか、取れないかだけか？いやそうでもない、ジャズピアノの講座を試しに受講してみたが、ひどいのもあった、例えば、オスカー・ピーターソンの演奏法なら、youtube の Transcription を見るようにリンクが貼られていたり、他のサイトばかり使って、講義がされていた。それとここで講義を行なっている人たちは教員ではなくインストラクターなのである。では教員とインストラクターの違いとは何か。私が思うには教員は冗談を言ったり、自分の体験談、失敗談、自慢話を交えるなど、そうした人間的な魅力とコンテンツが一体なって学生たちの関心を引くだろうが、インストラクターはやくに立つと思われる要点だけを教えるのである。それに、人気のある講座は高収入になるだろうが、受講者の集まらない講座は打ち切りというのもあるだろう。

＊Scribd（https://ja.scribd.com）
この Scribd というサイトはオープン出版プラットフォームで、現在まで Web 上に 6 千万の様々な本・文書がアップされている。ジャズ教本も大量にアップされているが、無料コースと有料コースがあり、有料コースでも1ヶ月1000円位で、いくらでも本が PDF でダウンロードできるのである。

利用してみると、わずかな時間で、ジャズ教本が大量にダウンロードできたのである。
私がここで紹介したものや、今まで苦労して（？）購入した教本もかなり含まれている。他にもビックバンドの「In side score」「リディアン・クロマチック・コンセプト」、ドン・セベスキーやヘンリー・マンシーニの教本など、ディックグローブという音楽学校の教本もあった。
（下図参照）

また、ジャズだけではない、クラシックやロック、ポップスのスコアも大量にある。購入すればかなりの高額になるだろうが、何冊ダウンロードしても1000円程度なのである。
利用者としては、まことにリーズナブルで魅力的だろうが、著者の身になって考えれば、せっかく出版したものの、このようなサイトにアップされると、ほとんど利益にならないかもしれない。

ただ、別の見方をすれば、お互いファイルをシェアをするなら、全体としてお金がかからないシェア社会も必ずしも悪いとは言えない。何しろ日本では、1年間に700万トンのまだ食べられる食料が廃棄されているし、本にしても同じような本が自転車操業的に大量に出版され、処分されているのである。そういう意味で、今行うべきことは、必要な人に必要な情報を届けるという、過度にものを所有しない自己意識改革なのである。本書の理念もそこにある。それを「対機テキスト」と名付けることにしたいが、詳しくは後述する。

まとめ

すでに言い尽くされたことも多いかもしれないが、ジャズ教本の学習についてまとめて見たい。

*一冊を完璧に仕上げる

　何も、ジャズ教本に限らす、受験勉強のテキストや各種資格試験にも当てはまることだが、特に未知の分野にチャレンジするときは、まず1冊の教本を完璧に仕上げることである。1冊仕上げるまでは、他の教本に手を出さないことである。そのためには分厚い教本より、なるべく薄い本がいだろう。1冊完璧に仕上げ、どこのページに何が書いてあるか、丸暗記するくらいが良い。ジャズは即興なのだから、まるまる暗記（暗譜）することなど意味がないと思うかもしれないが、最初の段階では、まず暗譜は必要である。暗譜には反復練習が不可欠である。音楽も日常言語より抽象的はあるが、一種の言語である。従って反復することで細胞間をつなぐ新しいニューロンが形成され、言葉と言葉、音と音との連関システムが自然に身につくのである。それに1冊仕上げれば自信つき、2冊目、3冊目に進んだ時の学習効率も向上すると言うものである。

*コピーの重要性

　言語機能である四則の中で、ディクテーション（「書くこと」「聴くこと」を同時に行うこと）と、音読（「話すこと」「読むこと」を同時に行うこと）は言語の習得の有力な方法である。

それを音楽に例えるなら、前者は聴音、後者は視唱と言うことになるだろう。
　昔、教本が何もない時代はレコード・コピー（聴音をコピーと言い換えても良いだろう）が唯一の学習法であったが、現在でもそれはとても有効な方法だと思う。現在のようにTranscriptionが多く存在する時代であっても、まずは自分でコピーをしてみることをおすすめする。

*継続して学習するには
　どうやったら上手く演奏できるようになるかは、すなわちにどうやったら継続できるかということだろう。そのための答えはすでに出ていると思う。それは「マスターしたいことを生活の一部に組み込む」または「それを仕事で使う」ということである。例えば日本人で英語が上手な人は、必ずといっていいほど、英語を使わなければ生活できない環境に身を置いていたか、仕事で使っていた人たちである。また高校時代に学んだ、「物理」や「漢文」などは、ほとんどの人は忘れているだろう。覚えている人がいるとするなら、それは物理の研究者や、漢文の教師である。それは彼らが仕事として毎日使っているからである。従ってたまに学校で学ぶくらいでは、何事もマスターなどできないのではないだろうか。
　アマチュアで演奏が上手い人に私は未だかつてほとんどあったことがない。上手い人はプロなのである、だからうまくなるにはプロになればいいのである。まぁ、そう言ってしまうと身もふたもないかもしれないが、まずはライブで入場料を取って、演奏してみることである。大学もジャズスクールもお金を払って学んでいると思うが、逆にお金をもらって学ぶでは、心構えがまるで違うのである。

*無意識の意識化
体を鍛える健康法（特にTVでやっている健康法）の多くは体に負荷をかけるものが多い。例えば、肺を強くする方法として、ストレッチをしながら呼吸をする方法がある。やってみるとわかるのだが、呼吸がしづらいのである。（通常息は吸うときお腹を膨らませ、吐くときはお腹をへこませるが、反対に息を吸うときにお腹をへこませ、吐くときにお腹を膨らませるのだから）あるいは早く歩くために重たい靴を履いてトレーニングしたり、また鍵盤の鉛を重たくすれば、セシル・テイラーや山下洋輔のようなプレイが可能かもしれない。つまり呼吸も歩くことも、指を使うことも普段、無意識にやってマンネリ化していることを意識化させることで身体を活性化させるのである。これは一定の効果があるだろう。ただし、無意識にできることをわざわざ、意識的にやるのだから、やりすぎると、体に負担がかかる。特に高齢者は注意してやる必要がある。

*固定した価値観などない
　よく歌や吹奏楽器の演奏で、腹式呼吸の大切さを強調することがあるだろう。だからと言って、お腹にだけ意識を集中して、お腹を膨らませたり、しぼめたりすると、うまくいかないことはないだろうか。そもそも呼吸はどこでしているのか？そう問うと、多くの人は、「肺」、「口」、「鼻」、大体その3つを答えるのではないだろうか。しかし、その答えでは十分とは言えない。正解は「体全体に毛穴があって体全体で呼吸をしている」のである。もっと言えば「地球全体が呼吸している」、「宇宙全体が呼吸している」のである。地球や宇宙といってしまうとフィクションの世界になってしまうが、要するに何が言いたいかと言えば、人は言葉で事物を「分化」、「分別」し、フレームや境界を作り、それに執着しようとするのである。私たちは「山」といった場合、富士山のような山をイメージするだろうが、山は独立した存在ではなく、「木」や「石」、「砂」など様々なものが関係しあって成立しているのであって、「山」という言葉は言葉上の分別した「山」という一時的な固定制に過ぎないのである。禅の教えにあるように「言葉は月を指す指に過ぎない。」
　例えば、「ジャズ教本」の存在価値を示すには、「ジャズ教本」より大きな物差し、つまり「音楽」という境界で位置付けられる必要がある、さらに「音楽」を位置付けようとするなら今度はもっと大きな「社会」という物差しで位置づけられる必要がある、さらに「社会」は

「歴史」という物差しで位置づけられる必要がある。そのようにさらに大きな物差しという境界を求めた結果、すべてのものを価値づける境界が必要になる、それを「世界」と言って良いだろうが、その「世界」を評価しうる価値基準などもはやどこにも存在しないのである。 従って「ドミナント・モーション」でうまく演奏できることは立派ではあるが、それはあくまでもそのシステムを共有している、フレーム内、境界内で価値があるということに過ぎないということを心がけておく必要があるだろう。

結局大切なことはなにか。それは世界は本来、文化、分別されているのではなく、あらゆる事物は相互に関係し、変化しているという、「世界をありのままを見る」という行為である。それを「覚り」というのだろう。

呼吸の話に戻すと、私は時々瞑想を行うが、その場合呼吸をしながら、体全体、つまり足のつま先から、頭のてっぺんまで、全てに気づきながら、世界あるいは、宇宙と一体化している自分を思い描くようにしている。俗人によるせめてもの行である。

では最後に近い将来、教本（ジャズに限らず）がどのようなものになるかを考えてみたい。構造主義やポスト構造主義に「作者の死」という考えがある。それは「作品の美的価値は作者ではなく受容者（読者）に発生する」として、それを作品と呼ばず、「テキスト」と呼んでいるが、ごく単純に言い換えれば、作品は読者によって多様な解釈が可能であると言って良いだろう（図1参照）。

ところが本書のようなオンデマンド出版は1冊から出版が可能であり、またいつでも内容の改変が可能である。つまり100人の読者がいれば100通りの異なった内容の本を提供できる。釈迦は一人一人の能力や性質にあった説法を行い、それを「対機説法」と言ったが、オンデマンド出版の場合なら、対機説法ならぬ、「対機テキスト」と呼べばよいだろうか（図2参照）。また場合によっては、読者の意見や指摘によって著者は、出版の過程でその都度内容の変更も可能である。これを「間－共創成テキスト」と呼んでおこう（図3参照）。

その様な状況下において、近い将来の教本のあり方を考えると、人工知能の助けを借りながら、読者一人一人の遺伝子などの「生体情報」、様々な「環境情報」を基に各人の能力や技術を向上させるにふさわしい、オリジナルテキストが提供されるのかもしれない。

図1. 構造主義・ポスト構造主義の「テキスト」

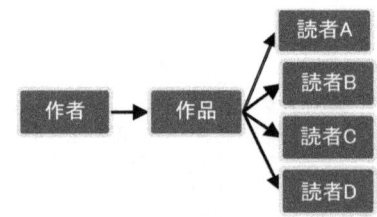

図2.「対機テキスト」

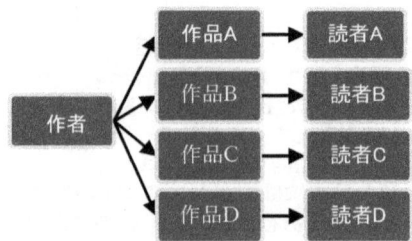

図3.「間−共創成テキスト」

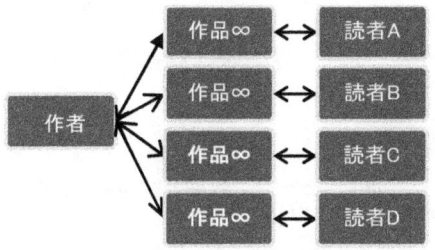

アート・クロッシング コラム#3
作曲から即興へ――――自身の経験を振り返って
小森俊明

1. はじめに

演奏の一形態である即興（即興演奏）は一般的には、一応、作曲とは切り離して考えられている。しかし、演奏の一形態として即興演奏という用語が存在するのと同様に、作曲の一形態としての即興もあるのではないか、と考えるようになった。今から15年ほど前のことである。それ以来、作曲をする際に即興的な仕方を部分的に取り入れるようになったのである。そして8年ほど前からダンスや映像といった異分野のアーティストとコラボレーションを行うようになった際、即興を取り入れるようになった。演奏に即興を取り入れているのであるから、まさしく「即興演奏」という訳である。以来、作曲に即興的に仕方を取り入れることと、演奏において即興を行うことを、同時期的に行うようになったのである。

本稿では、作曲家／演奏家である筆者が、以上ごく簡単に素描したような表現者としての経験を振り返り、即興をめぐる作曲と演奏についての思考をトレースしようとするものである。もとより、筆者は即興音楽についての理論家でもなければ、即興演奏の専門家という訳でもない。したがって、以下に記す事柄は全て経験に基くものであり、学術的あるいは専門的な性質を帯びたものではないことを最初にお断りしておきたい。

2.「インプロヴィゼーション」との邂逅

筆者は大学2年生の時に即興に関する概念に初めて意識的にアプローチしている。当該の楽曲は『ソロ・ヴァイオリンのためのインプロヴィゼイション』（欧題は"Improvisation for Solo Violin"）である。この曲を制作した当時、筆者は八村義夫の作曲美学に傾倒していた。氏は『ピアノのためのインプロヴィゼーション』（1957年）と『ヴァイオリンとピアノのためのインプロヴィゼーション』（1964年）を作曲している。氏はこれらの曲についてこのように但し書きを記している。「私の《インプロヴィゼーション》は、即興の意味ではなく、衝動の意味である」と。筆者の『ソロ・ヴァイオリンのためのインプロヴィゼイション』（1992年）は衝動の発現とまではいかなくとも、内的感情の発露ではあることは確かであった。当時のプログラム・ノートを以下に掲げたい。

> この曲は形式的には4つの部分に分けられるが、もしこれを図式化するならばABCA'となる。AとBはスタティックな中に、病的イメージへの内的衝動性を持っており、このことは特に、Aに現れる断続的パッセージによって裏付けられる。CはBの終末に置かれたブリッジを介して一見エキサイティングな部分となるが、この部分は「病性舞踏」とでも言うべき状況を呈している。それは同時にアイロニカルでもあり、気分の唐突な転換が、「ソロ」であるがゆえに際立っている。最後のA'はAの回想であり、最終的にはやや自戒的に、そして平和的に曲は閉じられる。

内的衝動性という言葉の使い方からして、八村からの影響が見て取れるのに加え、病的イメージとか病性舞踏という言葉の使い方に、八村が志向したある種のエモ

ーションの発露にも通じるものがある。再び氏の文章を引用する。『ピアノのためのインプロヴィゼーション』についてのノートからである。「私はそのころ、シェーンベルク流の、謂ゆる(原文ママ)表現主義の音楽に強く魅かれていたが、それは私の屈曲したエモーションを引き受けてくれる相手なのであって‥(中略)‥一つ一つの音そのものが、色彩と、心理的にイレギュラーなエモーションや呼吸を発するものだということを識った。‥(以下略)」筆者はこの曲を制作するのに丸々2週間を費やした。つまり、決して即興的な仕方では作曲していないのである。思い付いたモティーフとその変遷のさせ方については、内的衝動性を持たせるように苦心したものである。

3. 即興的作曲の開始

筆者が再び即興性に関係する作曲を試みるようになるのは 21 世紀に入ってからである。2002 年に作曲した『構築された即興』(欧題:Improvisation Construit pour Piano)はその幕開けに当たる作品である。しかし、ここでは八村の影響は完全に払拭されており、別な視角からの即興への言及が現れることとなる。以下、長過ぎるという理由でコンサートのプログラムには採用されなかった、いわくつきのプログラム・ノートを掲げる。

> この作品の欧語タイトル"Improvisation Construit"(仏語)の内、"Improvisation"は「即興曲」「即興」の意であり、"Construit"は「構築された」の意である。と云う事は、この作品の日本語タイトルは「構築された即興曲」「構築された即興」の何れにも訳し得る。「即興曲」とは周知の通り、即興的な性格を持った楽曲形式の名称であり、即興そのものを定着させた楽曲を指しているのでは無い。従ってそう名付けられた諸作品は、ショパンの一連の有名な作例を挙げる迄も無く、即興的な性格に加えて作曲家の構築への意志をも確実に内包しているのである。
> 一方、後者は用語としてそれ自体、論理的にほぼあり得ない。従ってその現実化も又ほぼあり得ない‥‥(無論、「即興」の語を「即興曲」のメタファーとして使用する場合は別だが)私は此処数年、自作の器楽曲に於いて「反復と変容」の手法の在り方を考察して来た。そもそも、即興が或る楽句の「反復」或いは「変容」によって行われることは決して少なくない。しかしながら、私が自作品の作曲の具体的な過程に於いて、この事の自然性を体験的に実感し始めたのは最近の事である。以来私は、即興的操作(無意識、或いは恣意に基く)と意志的操作(意志—それは構築へのそれに他ならない—に基く)と云う、言わば、楽句が継起するに当っての直接的な決定因の両極に遡って、「反復と変容」の手法の在り方を再考する様になった。そして端的に云って、結果として出来上った此処数年の作品は、即興的な趣が以前の作品と比べてやや目立ってきている。
> 今回の私の作品には、「反復と変容」の手法に拠らない部分も少ないながら含まれているのだが、それらの中には、楽句の即興的操作の所産として「反復と変容」の様相を帯びる箇所が幾つかある(それは、「反復と変容」の思考の枠組の中で即興的操作を行うのとは逆の仕方による結果である)。一方、「反復と変容」の手法に拠る部分に於いては、楽句の即興的/意志的操作を様々な度合で行っている。そして出来上った作品は、作曲者のこれらのプロブレマティクを巡る思考の軌跡を辿るのが困難に感じられるであろう。
> この困難性の原因の諸相とは正に、「構築された即興」の存在不可能性のアナロジーの他ならないのであろうか?

実は筆者は、無調によるコンテンポラリーな作品を制作するにあたって、推敲というものを一切したことが無いのである。先ほど、『ソロ・ヴァイオリンのためのインプロヴィゼイション』の作曲に丸々2週間を費やしたと述べたが、僅か6分の曲を仕上げるのにかかったその期間は、寝食と家事等諸々の生活に必要な時間以外を全て作曲に充てたのであり、推敲を一切していないことを考慮すると、かなり時間を費やしていたのだと言って良い。しかし、徐々に無調によるコンテンポラリーな作品の制作に習熟するようになるにつれ、作曲の速度が増していくようになった。そこで、あるモティーフなりフィギュレーションが瞬時に思い付くことも少しずつ多くなってきた。もともと推敲をしないで作曲する人間である。そうした思い付きが継続され、モティーフなりフィギュレーションなりが次々と連接されていけば、それは五線譜上の即興を行っているも同然ということになる（これに限りなく近い作曲方法については、近藤譲氏も述べている）。そこで、即興的作曲を部分的に取り入れることを着想したのであり、それを最初に意識的に行い、リアライズしたのが『構築された即興』にほかならないのである。

4. 即興的作曲の展開

『構築された即興』を作曲した翌年、筆者はクラリネット・ソロ曲で即興的作曲を新たに展開させた。『束の間の肖像』（欧題：Portraits Passagers pour Clarinette Seule）がそれである。管楽器のソロ曲を制作するのはこの時が初めてであった。『インプロヴィゼイション』のプログラム・ノートの中で筆者は、「気分の唐突な変化が、『ソロ』であるがゆえに際立っている」と書いていた。『束の間の肖像』も、ソロ曲であるがゆえに表現可能な特性を追求していると同時に、即興性の導入をも試みている。以下に作品ノートを掲げたい。

> 私はソロ曲、わけても鍵盤楽器と比べて線的な（継時的な）書法に頼らざるを得ない管弦楽器のソロ曲は、作曲の仕方如何で、描き分けられた（複数の）人物像＝portrait(s)のメタファーになり得ると考える。また、かような曲は、さまざまな人物像を継時的に演じ分ける、落語家の独演にも擬えられるであろう。
> 本作品「束の間の肖像」の各シーンにおける音の身振り、ならびに、後続するシーンへの音楽的エネルギーの移行の仕方は、刹那的である。そして、それら各シーンのうち、作品の中間部分のある箇所においては、身体性に力点を置いたコンテンポラリーな作品を得意とする、クラリネット奏者である鈴木生子さんの人物像が、彼女との作曲上の共同作業の所産として、控え目ながらも表象されている。すなわち、当該部分に、奏者に即興で演奏してもらったパッセージを加工・編集・再構成して埋め込んである。
> 本作品は2003年に作曲され、その翌年に鈴木生子さんによって初演された。

作品ノートの中で説明されているように、音の身振りと音楽的エネルギーにおいて、この作品には刹那的な部分が見られる。これらの中のある部分は、完全に即興的な仕方で作曲されているのである。特に作品の中間部分においては、ほとんど全て即興的な仕方で作曲されている。そして作品ノートの中で説明されているように、初演者による即興演奏に手を加えたものが、同じく中間部分のある箇所に埋め込まれている。ここで、作曲家である筆者による即興的作曲と、演奏家である鈴木生子氏の即興演奏そのものが邂逅し、作品の中で共存し、コラボレーションが生成されるのである。このような仕方で演奏家に協力を仰いで作曲したのはこの時が初めてであり、のちに行うようになる、異分野のアーティストとのコラボレーションの萌芽がこの時に見られたのと言えなくもない。このことを考えると、『束の間の肖像』は、なかなか興味深い作曲の経験であったと思う。

その後、即興的作曲の方法を部分的に意識的に取り入れたり、あるいは無意識的に即興的な方法で作曲したりといったことが日常的となっていくのである

5. 異分野のアーティストとのコラボレーションと即興演奏の開始

これまで述べてきたのは、あくまで作曲という営為に如何に即興という概念を付与し、具体的にアプローチしていくかということの実例とその展開である。次に述べたいのは、主に、一般に即興と言えばすぐにイメージされるところの「即興演奏」そのものの実践についてである。

筆者が初めて人前で即興演奏を行うようになったのは 2009 年のことである。ダンス、映像といった異分野のアーティストとのコラボレーションを行うようになり、予め作曲しておいた部分のほかに、即興演奏を行う部分を設けておいたのが始まりである。しかしそこで行った即興演奏は完全に無調によるものであった。それは予め作曲しておいた部分が無調である為に、整合性を持たせるのが目的であった。しかし、仮に予め作曲しておいた部分が調性であり、その部分と整合性を持たせるべく調性による即興演奏が出来たかというと、それは否であった。即興演奏というのは、無調で行うよりもシステマティックな体系としての調性で行うことの方が遥かに難しく、調性に対する知悉の程度と何よりも即興演奏の技術が直截的に表に出てしまうのである。あるコンペにおいて筆者は作曲された部分と合わせて即興演奏をも行ったが、聴衆によるアンケートには、「よくある現代音楽は要らない」といった内容の辛辣な言葉が書かれていた。現代音楽を学んだ作曲家が無調で即興演奏をする場合、こうしたことに陥りやすいということにその時初めて気付いたものである。そもそも筆者の制作するコンテンポラリーなスタイルによる楽曲は、音組織的には決して先鋭的であるとは言えないのであるが、即興演奏においては、音組織的に先鋭的で既聴感のある如何にも「現代音楽」風なスタイルをいとも簡単に現前させてしまったのである。この時と同じような経験はその後に何度もしており、音組織的に先鋭的なスタイルによる無調の楽曲は、「作曲」するよりも「即興演奏」してしまった方が手っ取り早く出来てしまうらしいことに少しずつ気付いていったのであった。そして同時に、沢山の音符を書き込むコンテンポラリーな無調の楽曲を制作しようとする場合、即興的な仕方でそれを行おうとしてもなかなかうまくいかず、比較的単純な書法に落ち着いてしまうという経験もすることとなった。これらのことへの気付きは、筆者にとってまさにこれまでの作曲の即興演奏の実際の経験を通じて帰納的に生じたものである。他者から見れば極めて凡庸で当たり前すぎる事柄かも知れないが、筆者にとってはまさにパラダイム・シフトとかコペルニクス的転回とさえ呼びたくなるある種の原理への、大転換であった。

異分野のアーティストとのコラボレーションは、2009 年から 2011 年頃にかけては音楽の比重を大きくとったものが比較的少なくなかった。一つのコラボレーション公演の中で、予め作曲しておいた部分と即興演奏する部分とを併存する場合と、完全に即興演奏とする場合とがあり、後者においてはモティーフやスタイルを予め考えておく場合もあった。そして、調性も徐々に取り入れるようになっていった。また、筆者がその表現の拠点とする現代音楽以外の領域のミュージシャンとのコラボレーションも同時並行的に行うようになっていた。また、異分野のアーティストと異分野のミュージシャンの両者とコラボレーションを行うことも少なくなかった。今後は無調と調性の比重がどう変化していくのか、あるいは、変化していかないのかは自身でも分からない。

6. 即興演奏の実際について

再び第5章の最初の問題に戻るが、筆者は実は即興演奏については完全な独学である。ピアノの練習や作曲の合間に即興的にパラパラとピアノを弾くことはあってもそれは断片的なものであり、息抜きの嗜みでしかなく、人前で弾くことは無かった。異分野のアーティストやミュージシャンとのコラボレーションにおいて即興演奏を行うというのは、一つの冒険であると同時に大いなる息抜きであり楽しみであるように思える。それは完全に一回性のものであり、失敗のリスクも高い為に集中力が求められる。その一方で、リラックスした気持ちで臨めたり、あるいは逆に集中力を発揮するあまり、忘我に近い境地を味わえることもある。そして事前の練習や準備を必要としない為に、興業的に簡便であるのも実は魅力である。

ゼロから行う即興演奏に規則は無く、設けたとしてもそれは極めて限定的である。そして、コラボレーションの仕方にも正解は無い。コラボレーターとの関係において最も重要なのは、言うまでも無く相手の出方をよく観察することである。相手との関係性の変遷が、即興コラボレーションによる作品にとって、演劇で言うドラマトゥルギーを形成するにあたって最も重要なファクターとなるからである。それで無ければコラボレーションをする意味が無いと筆者は考えている。コラボレーターと自身のどちらがアクションを先に起こすのか、そしてどちらが影響を受けるのか、あるいは影響を撥ね付けるのか‥等々、関係性の位相は実にさまざまである。もちろん、コラボレーションの最中に、偶然的な、あるいは位相を言葉で説明出来ないような局面も非常にしばしば起こるものである。そうした場合でも、即興コラボレーションの流れが堰き止められてはならない。そしてその次に重要か、あるいは相手の出方を見ること以前に重要なのは、コラボレーターのキャラクターを見極めることではないかと考えている。コラボレーターのキャラクターについて全く事前に情報を持っていない場合は、その場で模索しつつ即興演奏するほか無い。それはそれでスリリングなものであると言える。

そして最後にソロによる即興演奏について簡単に触れておきたい。筆者はこれまでほとんど、即興コラボレーションという形態で即興演奏を行ってきた。したがって、ソロによる即興演奏に関する知見は少ないのが実情である。ソロによる即興演奏は完全に自身の音楽世界を発現させる営為である。実のところ筆者はソロによる即興演奏の経験が少ないのにも関わらず、特に研鑽をしている訳でも無い。全く自由に行いたいと考えており、これまで実際そのようにしてきたつもりである。ソロによる即興演奏は即興コラボレーションとは異なり、自由度が高いゆえに逆に難しいと言える。予めテーマや演奏パターンを考えておくのももちろん、広義の即興演奏として許されるだろう。

7. おわりに

ここまで書いてきて、作曲の側面から即興を考察してきた第2章から第4章までと比べて、即興演奏について考察してきた第5章と第6章の方が随分ラフにスケッチされており、理論的なフォローが頗る欠落しているように感じている。これは何と言っても、本質的に筆者がもともと作曲家である一方、即興演奏を行ってきた年数が作曲を行ってきた年数よりもずっと短いことに負っている。しかし今の言を翻すつもりは毛頭無いものの、筆者の場合、作曲にせよ演奏にせよ、演繹的にでは無く帰納的に理解され、実践されるものであるという芸術的確信を持っているのである。即興演奏に関しては、今後より知見と経験を蓄積することにより、帰納的な理解が深まり、語る言葉に整合性と洗練性が生じてくる可能性はあると思う。本稿はあくまでも、2018年現在における筆者の立ち位置とそれが

形成された歴史に関する小レポートにすぎない。本稿は筆者にとってこれまでの作曲と即興演奏の来し方についての備忘録を兼ねている。

本稿をものするにあたって、『インプロヴィゼーション』を作曲した八村義夫が当時、集団即興演奏を行っていた水野修孝や小杉武久の音楽を拒絶していたことを改めて思い出したりして、なかなか感慨深いものがあった。そのことを踏まえると、八村の音楽からかつて多くの精神的影響を受けた筆者が、小杉武久とともに「タージ・マハル旅行団」をともに結成した永井清治、それに彼と 1990 年代にその流れを汲む「永井清治グループ」で一緒に演奏活動を行っていた河合孝治(この本の編集長でもある)と、2015 年にフリー・インプロヴィゼーション・ユニット(集団即興演奏グループ)「空観無為(くうがんむい、Empty Action)を結成し、ピアノを担当しているのは、考えてみれば不思議な巡り合わせである。

一方、本来の筆者の表現拠点である現代音楽についてであるが、こちらでは即興的作曲はすっかり定着しているのが現状である。今後はそうした作曲の仕方がルーティン化するのを避けるべく、また新たなコンセプトにより狭義の(本来の)作曲と即興的作曲の関係性についてラディカルに考察した作品もまた、少しずつ制作していけたらと思っている。

エピローグ

　Art Crossing 第2号〜特集・豊住芳三郎〜は、当初は軽い気持ちで編集・出版出来ると思っていましたが、予定より4か月も遅れてしまいました。編集が遅れたと言うよりも、出版予定していた時期以降も、原稿の修正や追加が多く、告知していた日時を大幅に過ぎてしまいました。しかし、当初考えていた内容よりも、読み物自体も多くなり、また掲載した写真の枚数も増えており、結果的には内容が濃くなっていったことになりました。痺れを切らしてお待ちになっておられた方には、あらためてお詫びを申し上げます。そして、無理難題を聞いていただけた執筆者各位にはお礼を申し上げます。（末冨健夫）

エピローグに代えて

　まずは、Art Crossing 第2号〜豊住芳三郎特集〜にこころよく文章を寄せてくださった執筆者の方々、並びにクラウドファンディング等でご援助をくださった皆様に深く感謝を申し上げます。ここで、本書の発行までの経緯を説明しますと原稿集めの大半は、末冨健夫と豊住芳三郎自身が行い、河合孝治が集まった原稿をアジャストするという方法で行いました。
　原稿はビックネームの方からのものも多く、それは豊住さんが世界屈指のフリージャズ、フリー・インプロヴィゼイションのドラマーとして、高い評価と尊敬を受けているのと、末冨の実直な人柄、熱意が、伝わった結果と言えます。
ただ当初、原稿は比較的短いものが多かったため、豊住さんの活動の全体像を網羅するような核となる文が必要ではないか考えました。しかし、それは無用であることがすぐわかりました。なぜなら、豊住さんのような無境界でノマド的なミュージシャンの軌跡を固定的に捉えてしまうと読者にとって豊住ミュージックは時間に充足された感覚可能な対象となってしまうからです。つまり「人はどこから来て、どこへ行くのか」という、もっとも単純かつ、究極的な答えのない問いがある時、私たちにとって豊住ミュージックとは、むしろ差異から差異への瞬間的、直接的エネルギーによって、記憶のイメージが脱根拠化され「感覚されることしかできない」新しい体験となりうるからです。その意味で本書は全体をどこから読んでも楽しめるものにしました。
　ところで、この「Art Crossing」という雑誌の発行経緯について話をさせてください。それには2つの切っ掛けがあります。一つは随分前のことになりますが、あれは79年でしたか、末冨健夫もメンバーだった、現代音楽・ジャズ研究会の「イスクラ」がスイングジャーナル誌に、メンバー募集の広告を出していました。（一方、私は創刊まもない「ジャズライフ」の「仲間求む」のコーナーに「現代音楽・フリージャズ・民族音楽」に興味のある方お便りください。という文を載せていました。）それまでもイスクラのことは「音楽」という雑誌を発行していたので、名前はよく知っていました。タイプや手書きの文字も混じった手作り雑誌のような本でした。当時「美術手帖」や「音楽芸術」なども読んではいたのですが、イスクラの「音楽」の方が私にはとてもインパクトがありました。そう言えば豊住さんへのロングインタビュー記事もあり、とても興味深いものでした。そこで、イスクラに手紙を送ったところ、末冨から電話あり、会うことになったのです。イスクラには代表の小原悟さんの他、何人かメンバーがいましたが、特に末冨とはウマが合い（お互い酒がほとんど飲めないと

いうのも親しくなった要因かもしれませんが)、ずっと今まで、友人関係が続き、一昨年、念願であった、「Free music 1960～80」の本を出版したのです。

　もう一つは、アースアーチスト池田一氏との出会いです。80年代半ば頃でしょうか、アート界はヨーゼフ・ボイスやナム・ジュン・パイクが来日し、一種パフォーマンスブーム(?)が起こっていました。そんな時、池袋のアールヴィヴァンでたまたま見つけたのが「P.M(パーフォーマンス・マガジン)2」でした。私はこの本に衝撃を受けたのですが、そこには「35種類のメッセージ」という文章がありました。
それは以下の人達に向けられたものでした。

　「実業家、美術館館長、ギャラリー・オーナー、劇場主、出版関係者、書店主、文化人、建築家、美術家、パフォーマー、伝統芸術家、音楽家、俳優、小説家、批評家、観客、スポンサー、ジャーナリスト、デザイナー、コピーライター、マーケティング・コンサルタント、プロデューサー、歴史家、哲学者、教育者、エコロジスト、平和運動家、行政担当官、弁護士、芸術など縁がないという人、自らの領域を逸脱したい人。憂国の志をもつ人、あらゆる被害者、100年後の将来をみつめる人、海外の日本人」と書かれています。

　池田氏はよく「地球まるごと」「ありのまま」と言う言葉を使いますが、それは脳天気に「人類皆平等・兄弟」という意味ではなく、仏教に「一切種智(いっさいしゅち)」という言葉があるように、一つ一つのものを個別的、具体的にあるがままに知り、また一つ一つにメッセージを送ることが開かれたアートであるということなのです。それは、ボイスの「社会彫刻」の考えに通じるところがあるともいえますし、また全ての人間は社会的な存在であることを改めて感じるのです。
　その後、池田一氏と親しくさせていただくことになり、「Free music 1960～80」を進呈したところ、とても興味を持たれ池田氏の協力もあって、アート誌「Art Crossing」を発行することになったのです。
　最近、出版界は本が売れず不況であるという話をよく耳にします。しかし、本を読む人が少なくなったとは思いません。書店に行くと似たような本がこれでもかというくらいたくさん置かれてありますが、問題なのは自転車操業的に本を出版する、出版社のための出版という自己目的化した出版システムなのです。また長時間労働というブラック企業の中で、自身を責め、自殺者も絶えませんが、その場合も、働く個人に責任があるのではなく、環境やシステムの方に問題があるのです。さらに忍耐や辛抱を美徳とする日本的風習にも問題があります。したがって大切なのは、私たちはそのような既存のシステムを疑うと共に、そのシステムに洗脳された人々に対して、開放のメッセージを送ること、それがアートクロッシングの役割ではないかと思うのです。悪い癖で、話が長くなりました。アートクロッシングは今後も長期的な計画は立てず、Free improvisationのようにその都度環境を形成しながらつづけてまいります。ぜひ率直なご批判、ご感想などいただければ幸いです。そして、豊住さんのこれからの活躍、また末冨健夫を中心としたちゃぷちゃぷレコードの活動など、今後ともご支援を何卒よろしくお願いいたします。(河合孝治)

執筆者&協力者紹介

豊住芳三郎（ドラム・パーカッション奏者）
www.geocities.jp/sabu_toyozumi/
blogs.yahoo.co.jp/sabu_toyozumi
en.wikipedia.org/wiki/Sabu_Toyozumi
ja.wikipedia.org/wiki/豊住芳三郎

白石かずこ（詩人）

牧野はるみ（詩人）

原　　寮　（直木賞作家・ピアニスト）

佐藤允彦（ピアニスト・作曲家）

高橋悠治（作曲家・ピアニスト）

近藤秀秋（ギタリスト・作曲家）

HICO NATSUAKI（鍵盤ハーモニカ奏者）

稲岡邦弥（音楽プロデューサー）

Julien Palomo（レコード・音楽プロデューサー）

副島輝人（評論家、音楽プロデューサー）

望月由美（評論家、写真家）

Jean-Michel van Shouwburg　（ボイス・パフォーマー、評論家）

末冨健夫（ちゃぷちゃぷレコード・プロデューサー）

河合孝治（サウンド・アーチスト&コンセプター）

織田理史（メディアアーチスト・現代思想）

小森俊明（作曲家・ピアニスト）

Dedicate for Muhal Richard Abrams, Misha Mengelbelg, Sunny Marray , 住井すゑ, 道祖老師, 鴨長明, 友治 T, Hiroko N, JunichiT

www.ingramcontent.com/pod-product-compliance
Lightning Source LLC
Chambersburg PA
CBHW031627160426
43196CB00006B/313